Ich liebe PFERDE!

Alles über Reiten, Pflege und Füttern

Text von
Marie Frey

Illustrationen von
Carmen Hochmann

compact kids

compact kids ist ein Imprint der Compact Verlag GmbH

© Compact Verlag GmbH
Baierbrunner Straße 27, 81379 München
Ausgabe 2016

Text: Marie Frey
Illustrationen: Carmen Hochmann
Redaktionsleitung: Anja Fislage
Redaktion: Anja Fislage, Lea Schmid
Fachredaktion: Renate Ettl
Produktion: Ute Hausleiter
Abbildungen: siehe Bildnachweis S. 128
Titelabbildungen: Carmen Hochmann (Illustration), shutterstock.com/Shestakoff (o. l.),
shutterstock.com/Juergen Faelchle (o. M.), shutterstock.com/Andre Helbig (o. r.),
fotolia.com/Eric Isselée (Button l.), fotolia.com/Turi (u. l.), fotolia.com/Mari_art (Button
r.), shutterstock.com/Fotokostic (u. r.)
Umschlaggestaltung und Innenlayout: Enrico Albisetti

ISBN 978-3-8174-1099-6
381741099/2

www.compactverlag.de

Hallo! Ich bin Sophie. Ich bin neun Jahre alt und Pferde sind das Allergrößte für mich! Wie alt bist du? Reitest du auch? Oder möchtest du vielleicht bald damit anfangen? In diesem Buch zeigen dir mein Sternchen und ich alles Wichtige rund ums Thema Pferde und Reiten. Stimmt's, Sternchen?

Das ist mein Pony Sternchen. Weil sie so ein süßes sternförmiges Abzeichen auf der Stirn hat, passt der Name richtig gut zu ihr! Sie ist eine Haflingerstute. Sternchen wohnt in einem schönen Stall, wo sie den ganzen Tag mit anderen Ponys und Pferden auf der Weide herumtollt.

Hast du Lust, uns kennenzulernen? Dann los! Wir werden bestimmt eine Menge Spaß zusammen haben!

INHALT

MEIN PFERD UND ICH 6

Vom Urpferd zum Reitpferd	6
Anatomie des Pferdes	10
Pferdezucht – Geburt und Kinderstube	14
Pferderassen und Fellfarben	16
Wesen, Verhaltensweisen, Herdenverhalten	24
Beziehung und Kommunikation mit dem Pferd	28
SPEZIAL PFERDESPRACHE	30
Mein eigenes Pferd!	32
Pflegepferd oder Reitbeteiligung	34
SPEZIAL MEIN LIEBLINGSPFERD!	36

HALTUNG UND PFLEGE 38

Pferde putzen	38
SPEZIAL MÄHNE UND SCHWEIF FLECHTEN	42
Ausrüstung fürs Pferd	46
Ausrüstung für den Reiter	50
Hufe und Hufeisen	54
Der richtige Stall	56
Pferde füttern	58
SPEZIAL LECKERLIS SELBER BACKEN	62
Gesundheit	64
Unfallvorsorge und Stall-Apotheke	68

REITEN LERNEN UND MEHR 72

Bodenarbeit	72
SPEZIAL KLICKERTRAINING MIT PFERDEN	76
Halftern, Trensen und Satteln	78
Auf- und Absitzen	82
Gangarten	84
Reiten in der Bahn	86
Dressurreiten	88
Springreiten	90
Westernreiten	92
SPEZIAL VOLTIGIEREN	94
Ausreiten und Wanderreiten	96

LEBEN MIT DEM PFERD 100

Der richtige Reitstall	100
Alltag im Reitstall	102
SPEZIAL HOFFEST	104
Reiterspiele	108
Pferde verladen und transportieren	110
Auf dem Turnier	112
SPEZIAL PFERDE-TAGEBUCH FÜHREN	114
Schweifhaar-Lesezeichen	115
Berufe mit Pferden	116
Rekorde und Unglaubliches	118
Pferde, Pferde, Pferde!	120
Glossar	122

MEIN PFERD UND ICH

Vom Urpferd zum Reitpferd

Das Pferd, wie wir es heute kennen, hat eine lange Entwicklung hinter sich. Es stand ja nicht plötzlich geputzt und gesattelt im Stall! Der Mensch hat sich das Pferd erst zum Nutztier und später zum Reittier gemacht. Aber wo kommt das Pferd eigentlich her?

GESCHICHTLICHES

Genau wie der Mensch hat auch das Pferd eine lange *Evolution* hinter sich. Das heißt, es hat sich von seiner Urform zu dem Lebewesen entwickelt, das es heute ist. In England und Nordamerika haben Wissenschaftler Fossilien einer Tierart gefunden, die sie als *Hyracotherium** (auch *Eohippus* genannt) bezeichneten. Diese Tiere lebten vor ungefähr 50 Millionen Jahren. Damals gab es noch keine Menschen.

Komm mit auf die Zeitreise zum Eohippus!

Das Hyracotherium war nur etwa 20 Zentimeter hoch.

Huch – was bist du denn für ein kleiner Hüpfer? Ein Reh? Ein Känguru?

Also ich muss schon sehr bitten! Ich bin Eohippus, von mir stammen alle eure großen Reitpferde ab! Gut, ich bin vielleicht noch etwas klein, aber ich werde mich in der Evolution schon noch entwickeln. Eines Tages werdet ihr auf mir reiten können!

* Diesen Begriff und andere *kursiv* gedruckte Wörter findest du im Glossar ab Seite 122 erklärt.

Kastanien an den Beinen???

Hast du dich schon mal gefragt, was für seltsame harte Stellen dein Pferd an den Innenseiten der Beine hat? Das sind die sogenannten Kastanien – sie sind wahrscheinlich Überbleibsel der Ballen, die die Urpferde hatten. Sie waren nämlich Zehengänger und haben sich erst später zu Huftieren entwickelt.

SO LANGSAM WIRD EIN PFERD DARAUS ...

Die ersten Equiden gab es vor ungefähr vier Millionen Jahren. Immer noch ganz schön lange her, was? Sie lebten in Herdenverbänden in Europa, Asien, Nord- und Südamerika. In Nord- und Südamerika sind sie aber während der Eiszeit ausgestorben. Erst viel später brachte Christoph Kolumbus Pferde aus Spanien wieder mit nach Amerika.

Fossil-Skelett eines Urpferdchens

Equide heißt „Pferd"

Das lateinische Wort für Pferd hast du bestimmt schon gehört, zum Beispiel kommt es in dem Wort „Equidenpass" vor. Das ist der Pferdepass, in dem der Tierarzt unter anderem auch die Impfungen dokumentiert.

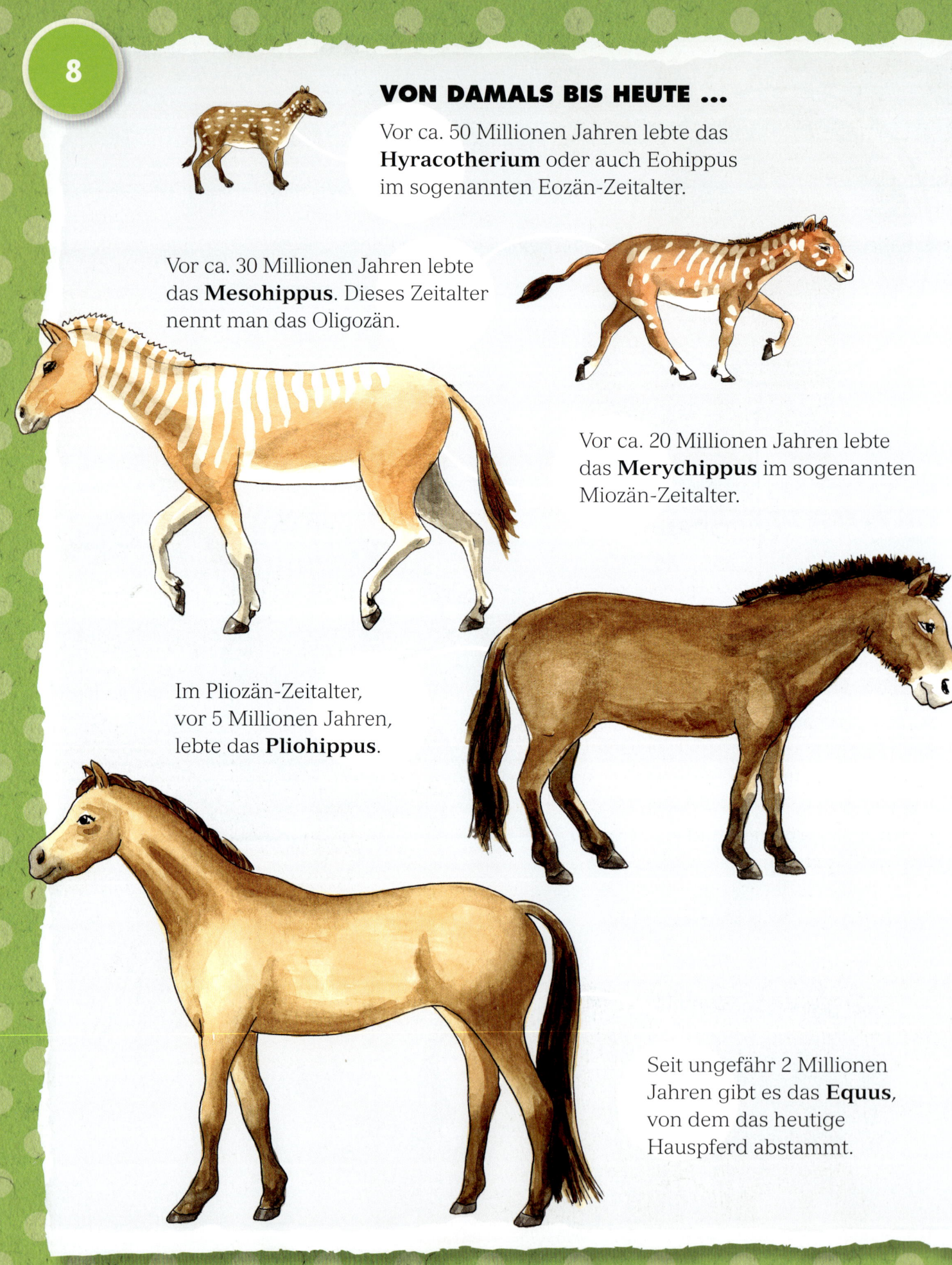

VON DAMALS BIS HEUTE …

Vor ca. 50 Millionen Jahren lebte das **Hyracotherium** oder auch Eohippus im sogenannten Eozän-Zeitalter.

Vor ca. 30 Millionen Jahren lebte das **Mesohippus**. Dieses Zeitalter nennt man das Oligozän.

Vor ca. 20 Millionen Jahren lebte das **Merychippus** im sogenannten Miozän-Zeitalter.

Im Pliozän-Zeitalter, vor 5 Millionen Jahren, lebte das **Pliohippus**.

Seit ungefähr 2 Millionen Jahren gibt es das **Equus**, von dem das heutige Hauspferd abstammt.

DÜLMENER WILDPFERDE

Im Naturschutzgebiet „Merfelder Bruch" leben tatsächlich noch Pferde in freier Wildbahn. Echte Wildpferde sind sie nicht, aber sie unterscheiden sich deutlich von den normalen Hauspferden, die man überall auf den Weiden sieht. Sie werden nicht vom Menschen gepflegt, aber bekommen im Winter Heu zugefüttert. Ansonsten haben sie keinerlei Berührung mit der menschlichen Zivilisation. *Jährling*shengste jedoch werden eingefangen, mit ca. zwei Jahren kastriert und versteigert. Dülmener sind robuste Kleinpferde, die sich gut als Familienpferd eignen.

Stockmaß nennt man die Widerristhöhe eines Pferdes. Der Widerrist liegt am Übergang vom Hals zum Rücken. Das Stockmaß des Pferdes variiert je nach Rasse von 80 cm bis fast 2 m!

DÜLMENER WILDPFERD

Stockmaß zwischen 1,25 und 1,40 m

Farbe: Falbe

WILDE MUSTANGS IN AMERIKA

Auch die Mustangs leben in freier Natur in den Weiten Nordamerikas. Häufig wurden sie von den amerikanischen Cowboys als Reittiere genutzt. Dazu wurden sie von der Herde getrennt, eingefangen und eingeritten. Auf diesem Einreiten junger, wilder Mustangs, die noch nie in Berührung mit dem Menschen waren, beruht das Rodeo-Reiten.

MUSTANG

Stockmaß zwischen 1,30 m und 1,50 m

Farbe: Alle Farben möglich

Anatomie des Pferdes

Ein Pferd hat vier Hufe, einen langen Schweif und einen großen Kopf mit großen freundlichen Augen und zwei flauschigen Tütenohren – das weiß jeder! Aber wie gut kennst du dich mit dem Körperbau deines Lieblingstiers wirklich aus?

DAS PFERD VON AUSSEN

Was man von außen sieht, nennt man beim Pferd das *Gebäude*. Wenn man das Erscheinungsbild eines Pferdes beschreiben möchte, spricht man vom *Exterieur*. Das ist französisch und heißt „außen" oder „Äußeres".

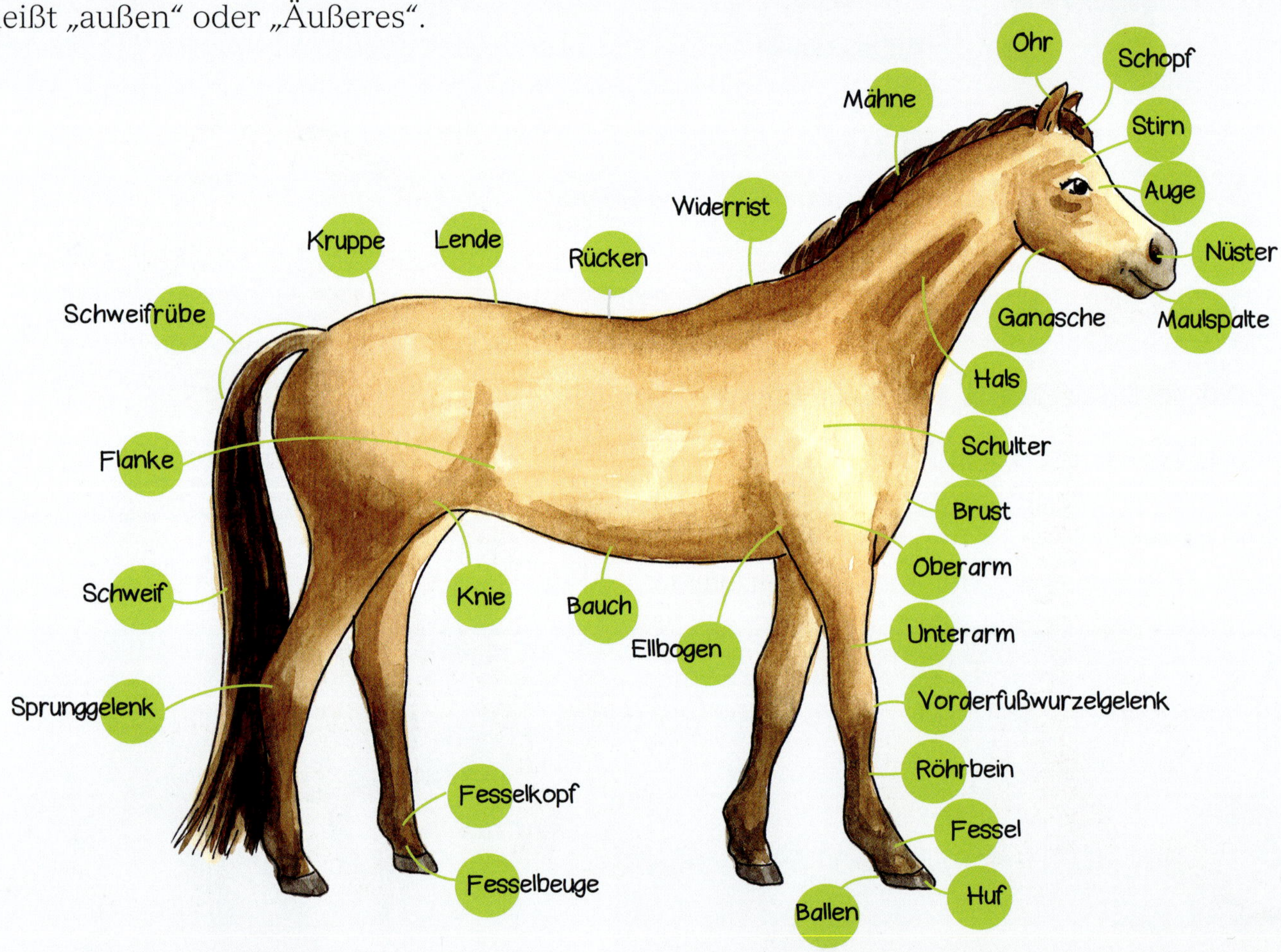

Ohr
Schopf
Stirn
Mähne
Auge
Widerrist
Nüster
Kruppe
Lende
Maulspalte
Rücken
Ganasche
Schweifrübe
Hals
Schulter
Flanke
Brust
Oberarm
Schweif
Knie
Bauch
Unterarm
Ellbogen
Vorderfußwurzelgelenk
Sprunggelenk
Röhrbein
Fessel
Fesselkopf
Huf
Fesselbeuge
Ballen

DIE PFERDEBEINE

Was du oben am Bein siehst, ist der *Oberarm*, dann kommen der *Ellbogen* und der *Unterarm*. Und schließlich folgen das *Röhrbein* und an dessen Ende die *Fessel*. Was fehlt noch? Richtig, der *Huf*!

Mit Interieur („innen" oder „Inneres") meint man das Wesen eines Pferdes, also seinen Charakter.

DER RÜCKEN

Der Rücken eines Pferdes ist wie eine Hängebrücke aufgebaut. Mit seinen starken Bauch- und Rückenmuskeln kann das Pferd diese Hängebrücke so anheben, dass es dich oder auch einen etwas schwereren Reiter tragen kann.
Wenn das Pferd seine *Bauchmuskeln* anspannt, wölbt sich sein Rücken nach oben. So macht es ihm nichts aus, bis zu einem Fünftel seines eigenen Gewichts zu tragen.

DER HUF

Der Huf besteht aus widerstandsfähigem Horn. Im Inneren des Hufes liegt das *Hufbein*, das ist der unterste Knochen des Pferdebeins.

Anatomie zum Erleben!

Geh doch mal auf alle Viere und spanne deinen Bauch an, indem du den Bauchnabel nach innen ziehst. Was passiert mit deinem Rücken?

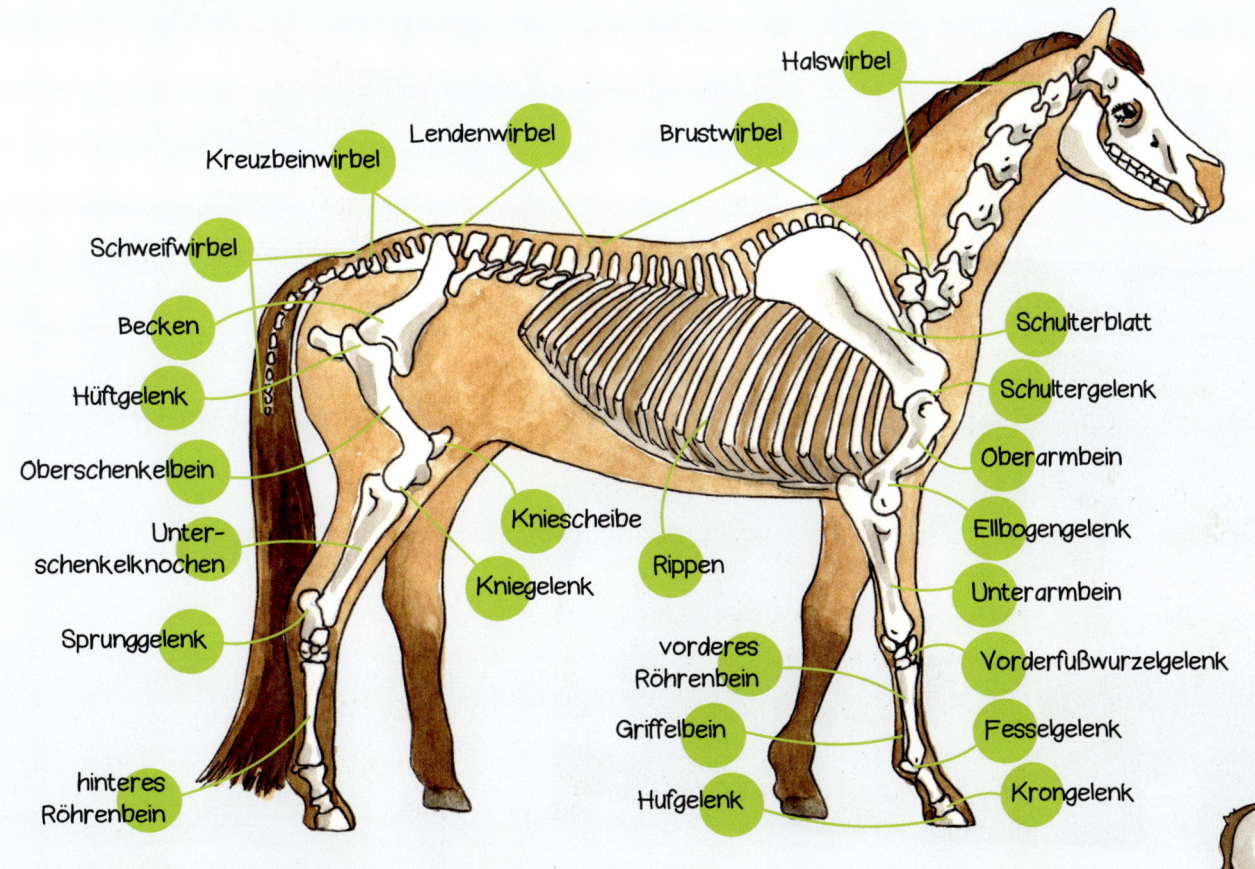

PFERD UND MENSCH IM VERGLEICH

Schau genau hin: Das Skelett des Pferdes ist gar nicht so anders als unseres! Wir Menschen haben aber einen Knochen, den Pferde nicht haben! Wenn du den kennst, bist du echt ein Pferdekenner!

BEISSEN UND MAHLEN

Stuten haben 36 bis 40 Zähne, Wallache und Hengste haben 40 bis 44 Zähne. Mit den Schneidezähnen beißen sie das Gras ab, das sie dann mit den Backenzähnen zermahlen.

MILCHZÄHNE?

Weißt du noch, wann du deinen letzten Milchzahn verloren hast? Fohlen verlieren auch nach und nach ihre ersten Zähne. Erst mit ungefähr sechs Jahren hat das Pferd sein endgültiges Gebiss.

Auch dein Pferd muss zum Zahnarzt!

Die Zähne des Pferdes müssen regelmäßig untersucht werden, denn manchmal haben Pferde Zahnprobleme und können dann nicht mehr so gut fressen oder die Zähne tun ihnen weh, wenn beim Reiten das Mundstück im Maul liegt. Bei den meisten Pferden müssen ungefähr einmal im Jahr die Zähne kontrolliert und manchmal abgeschliffen werden, damit sie wieder gut kauen können.

Achtung, nicht verwechseln!

Mit „Gebiss" können die Zähne gemeint sein, aber auch das Mundstück an der Trense, an dem die Zügel befestigt sind!

MAGEN

Wie viele Mägen haben Kühe? Vier! Das Pferd kommt mit nur einem Magen aus. Dort passt aber nicht so viel hinein, deshalb fressen Pferde lieber über den ganzen Tag verteilt ein bisschen, als sich zwei oder drei Mal am Tag mit einer Riesenportion den Bauch vollzuschlagen. Am besten ist es, wenn das Pferd immer wieder *Raufutter*, also Heu und Stroh, und im Sommer auf der Weide Gras zur Verfügung gestellt bekommt.

Hihi, das stimmt. Pferde wollen wirklich den ganzen Tag fressen. Mein Sternchen würde nie Nein sagen, wenn ich ihr eine Möhre oder eine Handvoll Hafer gebe. Meine Reitlehrerin hat mir erklärt, dass die Verdauung von Pferden am besten funktioniert, wenn sie keine zu langen Fresspausen haben. Wenn Sternchen das gehört hätte. Sie hätte ihr bestimmt wiehernd zugestimmt! Aber manche Pferde werden auch zu rund, wenn sie darüber selbst bestimmen dürfen.

DARM

Vom Magen kommt das Futter in den bis zu 24 Meter langen Dünndarm und wird schließlich über den Dickdarm als Pferdeäpfel ausgeschieden.

Pferdezucht – Geburt und Kinderstube

Jeder fängt mal klein an. Selbst das stattlichste Pferd hat als süßer, kleiner Hüpfer mit dünnen, staksigen Beinchen am Euter seiner Mutter gesaugt …

VOM DECKSPRUNG ZUM FOHLEN

Wenn ein Hengst eine Stute *deckt*, also besamt, damit neues Leben entsteht, nennt man das *Natursprung*. Beim Natursprung wird entweder der Hengst zu der Stute auf die Weide gelassen oder die Pferde werden von Menschen bei der Paarung am Halfter gehalten. Viele Besamungen werden aber heutzutage künstlich vorgenommen, das heißt, das Sperma des Hengstes wird vom Menschen in die Gebärmutter (Uterus) der Stute eingeführt. Die Stute ist ungefähr 340 Tage *tragend*. Die *Trächtigkeit* kann aber auch bis zu einem ganzen Jahr dauern. Während dieser Zeit braucht sie besondere Pflege, Fütterung und Aufmerksamkeit.

DIE GEBURT

Auch die tragende Stute hat, wie jede werdende Mutter, kurz vor der Geburt Wehen, weil sich die Gebärmutter zusammenzieht und sich der Geburtskanal weitet. Die Stute wird unruhig und beginnt zu schwitzen. Dann platzt die Fruchtblase und das Fruchtwasser läuft heraus. Nach ungefähr einer halben Stunde ist das kleine Pferdchen da. Zuerst erscheinen die Vorderfüße, dann das Köpfchen. Liegt das Neugeborene dann in der Eihülle im Stroh, beißt die Stute die Hülle auf und trocknet das Fohlen mit der Zunge. Bald wird das kleine Pferd aufstehen und beginnen, am Euter zu saugen.

Trächtige Ponystute

DIE ERSTEN TAGE DES KLEINEN FOHLENS

Hab ich einen Bärenhunger! Das kleine Pferdchen trinkt etwa alle 30 Minuten bei der Mutter. Kein Wunder! Es braucht ja auch viel Kraft, um groß und stark zu werden. In der Stutenmilch sind wichtige Stoffe enthalten, die es braucht. Zusammen mit seiner Mutter darf es auf die Weide. Dort wird es auch die ersten Grashalme zupfen und vor allem durch ausgiebiges Herumtollen zu einem starken und lebenslustigen kleinen Pferd heranwachsen.

KINDERSTUBE

Bald beginnt man, dem Fohlen die ersten Dinge beizubringen. Dazu gehören das Anfassen und Streicheln, das Tragen eines Halfters und das *Hufegeben*. Das war's aber erst einmal. Das Kleine darf nicht überfordert werden und muss viel Zeit mit seiner Mutter und seinen gleichaltrigen Freunden verbringen. Erst nach ein bis zwei Wochen beginnt man dann, das Fohlen ans Führen mit dem Strick zu gewöhnen. Anbinden darf man es aber noch nicht! Das wird später geübt.

EINTRAGUNG INS ZUCHTBUCH

Pferde, die vom *Züchter* gezielt angepaart wurden, nennt man *Zuchtpferde*. Die Fohlen werden beim *Zuchtverband* gemeldet und erhalten dann eine *Zuchtbescheinigung*, die als *Abstammungsnachweis* dient. Dazu müssen beide Eltern des Fohlens ebenfalls ins *Zuchtbuch* eingetragen sein.

Pferderassen und Fellfarben

Es gibt unglaublich viele verschiedene Pferde. Die einen sind groß, die anderen klein, manche sind gescheckt, andere einfarbig. Wie viele Pferderassen kennst du? Und welches sind deine Lieblingspferde …?

Shetlandpony

Deutsches Reitpony

Tinker

ALLE PFERDE SIND SCHÖN!

Wusstest du, dass es über 200 verschiedene Pferderassen gibt? Bestimmt hast du schon mal einen Haflinger, ein Deutsches Reitpony, ein Shetlandpony oder einen Araber gesehen. Aber kennst du dich auch mit den nicht so bekannten Rassen aus? Kannst du einen Tinker von einem Shire Horse unterscheiden? Weißt du, wie ein Knabstrupper aussieht? Auf dem Poster hinten im Buch kannst du dir die gängigsten Rassen ansehen. Erkennst du sie alle?

Sternchen ist ein Haflinger. Welches sind deine Lieblingspferde?

Ideal an die Umweltbedingungen angepasst

Ein Pferd kann zwar nicht seine Farbe ändern wie ein Chamäleon, um sich vor Feinden zu schützen, aber es konnte sich im Laufe der Evolution optimal an die jeweilige Umgebung anpassen, in der es lebte. So haben sich die vielen verschiedenen Rassen entwickelt. Die Pferde, die aus kalten Regionen wie Norwegen oder Island kommen, entwickeln zum Beispiel ein besonders dichtes Winterfell. Obwohl sie in unseren Breitengraden nicht unbedingt einen so dicken Pelz brauchen, ist ihnen dieses Merkmal bis heute geblieben.

SÜSSE ZWERGE UND MÄCHTIGE RIESEN

Wie süß! Es gibt Ponys, die nicht viel größer als 80 Zentimeter werden: Die Falabella-Ponys sind die kleinsten Pferde der Welt. Gegen so ein Minipony wirkt ein Shire Horse schon fast gigantisch! Sie können nahezu zwei Meter groß werden und zählen damit zu den größten Pferden der Welt. Auch ein Warmblüter kann bis zu 1,80 Meter groß werden. Die meisten erreichen aber ein *Stockmaß* zwischen 1,65 und 1,75 Meter. Reicht doch auch, oder?

Das winzige Falabella-Pony ...

... und das riesige Shire Horse

Klein aber oho!

Lass dich von der Größe eines Falabella-Ponys oder eines Shettys nicht täuschen. Auch sie sind Pferde und müssen artgerecht gehalten und fair behandelt werden. Sie sind keine Schmusetiere, auch wenn man sie am liebsten mit aufs Sofa nehmen würde!

PONY ODER PFERD?

Es gibt große Ponys und kleine Pferde. Ein Shetlandpony ist ein Pony, klar! Aber woher weiß man bei größeren Ponys oder kleinen Pferden, womit man es zu tun hat? Dafür gibt es eine Regel: Alle Pferde, die kleiner als 148 cm sind, werden als Ponys eingestuft. Ponys, die zwischen 1,45 und 1,48 m groß sind, nennt man Endmaßponys.

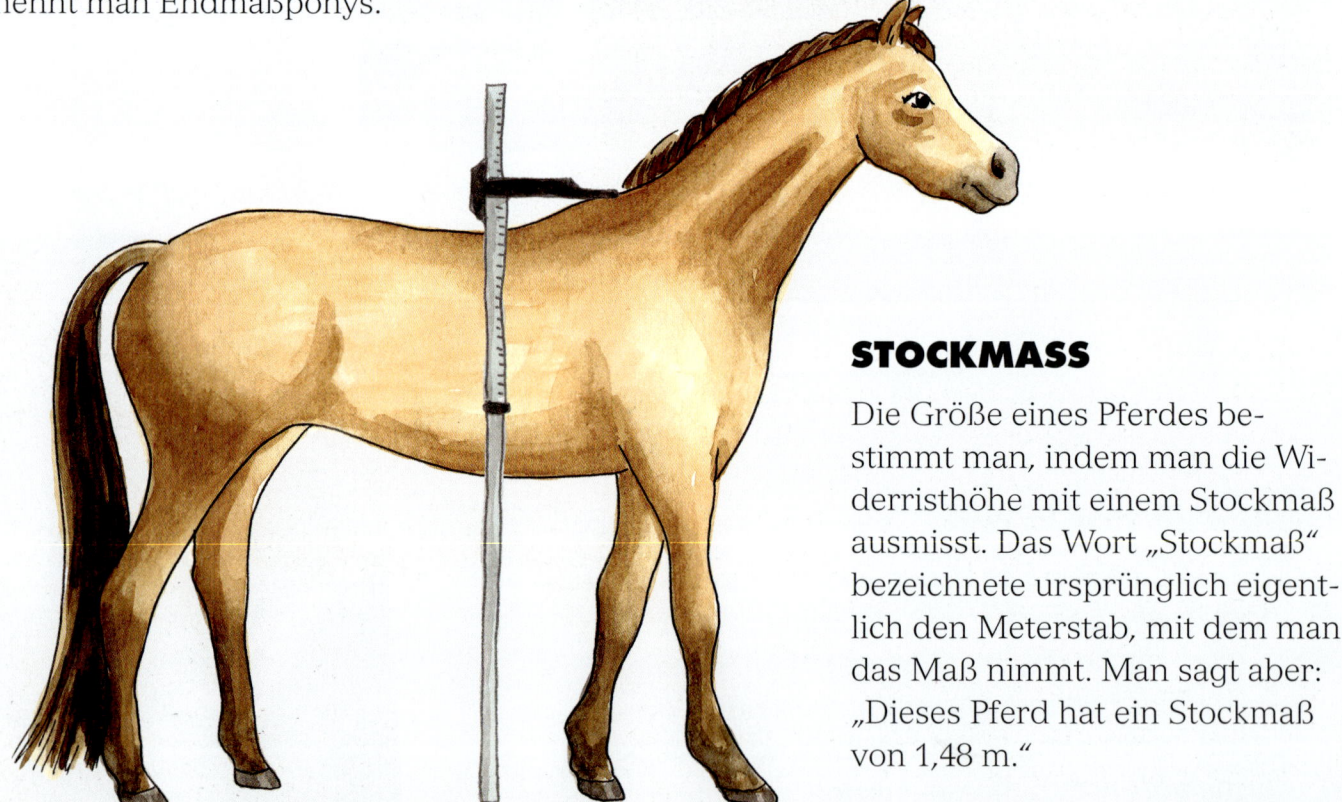

STOCKMASS

Die Größe eines Pferdes bestimmt man, indem man die Widerristhöhe mit einem Stockmaß ausmisst. Das Wort „Stockmaß" bezeichnete ursprünglich eigentlich den Meterstab, mit dem man das Maß nimmt. Man sagt aber: „Dieses Pferd hat ein Stockmaß von 1,48 m."

KALTBLUT, VOLLBLUT, WARMBLUT?

Die Einteilung in *Kaltblut*, *Warmblut* und *Vollblut* hat nichts mit dem Blut an sich zu tun. Durch die Adern eines *Norikers* fließt kein kühleres Blut als durch die eines *Württembergers*. Aber du kennst die Wendungen „ruhig Blut" oder „heißblütig". Die massigen Kaltblüter sind dafür bekannt, immer „einen kühlen Kopf zu bewahren". Daher haben sie ihren Namen.

Schleswiger Kaltblut

Bayerisches Warmblut

Das Warmblut ist das typische deutsche Reitpferd: Bayerisches Warmblut, Württembergisches Warmblut, Trakehner ... Sicher kennst du einige aus deiner Reitschule.

Vollblüter sind rein gezogen, das bedeutet, es dürfen sich in der gesamten Zuchtlinie keine anderen Rassen finden. Echte Vollblüter sind das Englische Vollblut und der Vollblutaraber. Tatsächlich gibt es unter diesen Pferden „heißblütige" Exemplare, die sich etwas schneller aufregen oder insgesamt ein temperamentvolleres Wesen haben. Wird ein Vollblut mit einem anderen Pferd gepaart, so entsteht ein *Halbblut*.

WESTERNRASSEN

Das American Quarter Horse ist das Westernpferd schlechthin. Es ist zwischen 1,45 und 1,60 Meter groß, gut bemuskelt, schnell und wendig. Die gescheckten Quarter Horses heißen Paint Horses. Auch der Appaloosa gehört zu den Westernrassen.

FARBEN ÜBER FARBEN ...

Schimmel, Füchse, Braune, Rappen, Schecken – kennst du dich aus mit den verschiedenen Fellfarben und ihren Bezeichnungen?

Schimmel

Fuchs

Brauner

Rappe

Falbe

Schecke

Do you speak American?

So heißen die Farbbezeichnungen bei den Westernrassen:

Fuchs = Sorrel
Dunkelfuchs = Chestnut
Rotbrauner = Bay
Schwarzbrauner = Brown
Schimmel = Gray
Falbe = Dun
Rappe = Black
Isabell = Palomino

SCHWARZE FOHLEN, WEISSE SCHIMMEL ...

Wusstest du, dass Schimmel als Fohlen in ihrer Grundfarbe (schwarz, braun, fuchsfarben, gescheckt, palomino etc.) zur Welt kommen und erst später immer mehr weiße Haare bekommen oder sogar ganz weiß werden? Das nennt man „Ausschimmeln".

ABZEICHEN

Blesse

Bein weiß

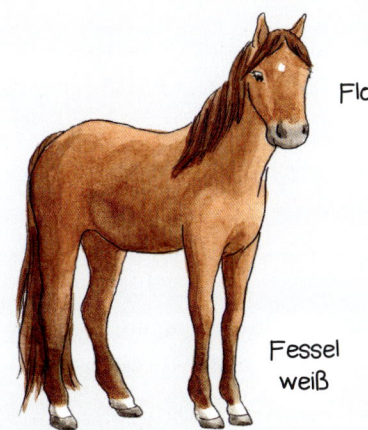

Flocke

Fessel weiß

Keilstern

Fuß weiß

Laterne

Schnippe

Kronrand weiß

Stern

Fessel weiß

SUMM, SUMM, SUMM, FLIEG UM MICH HERUM!

Die lästigen Mücken und Bremsen können im Sommer eine ganz schöne Belastung für die Pferde sein! Die meisten Pferdebesitzer sprühen ihre Lieblinge mit Insektenabwehrspray ein, manche Pferde tragen eine dünne Decke aus Netz, die die Plagegeister abhalten soll. Wissenschaftler vermuten, dass das Streifenmuster von Zebras Fliegen so irritiert, dass diese nicht gut auf den Tieren landen können. Manche malen ihren Pferden deshalb ein Zebramuster auf, damit sie von den Stechmücken verschont werden. Es gibt sogar *Fliegendecken* mit Zebramuster zu kaufen. Ob's hilft?

Aalstrich

Bei einigen Pferden verläuft eine dunkle Linie über den Rücken. Diese Linie nennt man „Aalstrich".

Zebrastreifen

Manche Pferde haben ein Zebramuster an den Beinen. Diese Streifen kommen vor allem bei Falben, Braunen und manchen Dunkelfüchsen vor und sind ein Merkmal von Wildpferden.

GESCHECKTE PFERDE

Bei vielen, aber nicht allen Rassen gibt es auch *Schecken*.
Das sind Pferde, deren Fell zwei verschiedene Farben aufweist.
Manche haben großflächige Flecken, andere nur kleine Tupfen,
bei anderen ist die Kruppe weiß und mit kleinen Sprenkeln
übersät. Solche Pferde bezeichnet man als *Schabrackentiger*. Haben
die Pferde über den ganzen Körper dunkle Punkte, spricht man von einem
Volltiger, eine weitere Variation unter den *Tigerschecken*.

In dem Stall, in dem mein Sternchen wohnt, gibt es einige Schecken.

Name: Cherokee

Rasse: Appaloosa

Geburtstag: 10. Mai 2009

Stockmaß: 1,54 m

Name: Ronja

Rasse: Knabstrupper

Geburtstag: 22. April 2003

Stockmaß: 1,55 m

Name: Max

Rasse: Paint Horse

Geburtstag: 13. Mai 2006

Stockmaß: 1,53 m

INNERE WERTE!

Bei der Auswahl eines Pferdes sollte das Äußere, also zum Beispiel die Fellfarbe keine Rolle spielen. Die Rasse kann zwar mitentscheidend sein, ob ein Pferd für dich geeignet ist. Wenn du recht groß bist, ist ein Shetlandpony für dich nicht geeignet. Bist du klein und wächst noch, ist dir vielleicht ein Warmblutpferd zu groß. Ein junger, heißblütiger Araberhengst ist für dich als Anfänger ebenfalls nicht das richtige Pferd.

Es kommt auch darauf an, was du mit deinem Pferd machen möchtest. Wenn du westernreiten willst, eignen sich natürlich die typischen Westernrassen Quarter oder Paint Horse und Appaloosa, aber auch Haflinger, Norweger, Araber und einige kleinere Warmblutrassen besonders gut. Hohe Sprünge wirst du zum Beispiel mit einem Shetty (so wird ein Shetlandpony auch oft genannt) nicht machen können. Aber grundsätzlich ist fast jedes Pferd für alles geeignet. Manche haben mehr Talent, manche weniger. Siehst du: Es spielen viele Faktoren mit hinein, die Rasse ist zweitrangig.

QUIZ

Die Wiener Hofreitschule ...

Weißt du, welcher Pferderasse die anmutigen, kräftig gebauten Schimmel angehören, die in Wien in der Hohen Akademischen Reitkunst ausgebildet werden?

Lösung: Lipizzaner

Wesen, Verhaltensweisen, Herdenverhalten

Hast du schon einmal Pferde auf der Weide beobachtet? Weißt du, wie sie miteinander umgehen und erkennst du die Signale, die sie aussenden?

LEITSTUTE UND LEITHENGST

Die *Leitstute* ist eine besonders erfahrene, etwas ältere Stute. Sie führt die *Herde* zu Fressplätzen und Wasserstellen, bestimmt, wann geruht oder geschlafen wird und hat bei der Flucht das Kommando. Der *Leithengst* schützt die Herde vor Gefahren und legt sich mit Feinden an. Er sorgt für Ordnung und hält die Herde zusammen.

LAUFT, SO SCHNELL IHR KÖNNT!

Eben haben sie noch ruhig gegrast. Plötzlich stürmt die ganze Herde im rasenden Galopp davon. In sicherer Entfernung halten die Pferde an. Sie schnauben laut, ihre Köpfe sind erhoben, damit sie besser in die Ferne sehen. Ihre Muskeln sind angespannt und jederzeit für einen erneuten Schnellstart bereit. Erst nach einigen Minuten beruhigen sie sich, verteilen sich neu und grasen weiter. Trotzdem spitzt die Leitstute immer ein Ohr in Richtung Gefahrenquelle: Am Reitstall wird eine Halle gebaut und eben ist der Baukran am Hof angekommen. So etwas haben sie noch nie gesehen! Die Leitstute hat dieses unbekannte langhalsige Monster als Gefahr eingestuft und ihrer Herde signalisiert: „Lauft, so schnell ihr könnt!"

RANGORDNUNG

Beobachte einmal die *Herde* auf der Weide. Da gibt es eine ganz bestimmte *Rangordnung*. Manche Pferde haben mehr zu sagen als andere. Die *rangniedrigeren* Tiere müssen sich den *ranghöheren* unterordnen. Trotzdem verstehen sich die meisten gut, weil sie sich an die Regeln halten. Jungpferde lernen von Anfang an, wie sie sich zu verhalten haben. Pferde, die nie in einem Herdenverband gelebt haben, bekommen deshalb oft Probleme, wenn sie später mit anderen zusammen auf der Weide stehen sollen. Man sagt dann, sie sind nicht *sozialisiert*.

FREUNDSCHAFTEN

Auch echte Freundschaften gibt es unter Pferden. Es kommt vor, dass ein Pferd seinem Kumpel nachtrauert, wenn dieser verkauft wird oder stirbt.

Letzte Woche wollte ich Sternchen von der Weide holen, aber sie hat alle Viere in den Boden gestemmt und sich keinen Zentimeter bewegt! Meine Reitlehrerin hat mir erklärt, dass Sternchen sich durch den angeborenen *Herdentrieb* in ihrer Herde am sichersten fühlt. Bei Pferden, die nicht gelernt haben, mit dem Menschen allein zu sein, sagt man, sie *kleben* an der Herde.

Flehmen

Wenn ein Pferd einen interessanten Geruch wahrnimmt, flehmt es manchmal. Dabei stülpt es die Lippen nach vorne und streckt den Hals. So kann es genau herausfinden, wo der Duft herkommt. Vorsicht: Pferde flehmen manchmal auch, wenn sie Schmerzen haben, wie zum Beispiel bei einer Kolik.

SINNESWAHRNEHMUNG VON PFERDEN

Sehen: Wenn du schon einmal eine Nachtwanderung gemacht hast, kennst du das: Mit der Zeit gewöhnen sich die Augen an die Dunkelheit, aber so richtig gut sieht man nachts nicht. Pferde sehen im Dunkeln etwas besser als wir. Wenn es hell ist, sehen Pferde auch Farben, aber nicht das gleiche breite Farbspektrum, das wir Menschen wahrnehmen können.

Einmal links und einmal rechts …

Weil die Augen der Pferde seitlich am Kopf angeordnet sind, verarbeitet ihr Gehirn das, was vom linken Auge wahrgenommen wird, und das, was vom rechten Auge wahrgenommen wird, einzeln.

Das Gesichtsfeld eines Pferdes ist sehr weit. Pferde können nur direkt vor sich und direkt hinter sich nichts sehen. Dafür haben sie eine gute Rundumsicht und können außerdem sehr weit in die Ferne blicken.

Riechen: Pferde sind sehr gut im Riechen! Sie können durch Schnuppern an Futter, Wasser, Artgenossen und deren Hinterlassenschaften (Pferdeäpfel) alles für sie Wichtige herausfinden. In der Wildnis konnten Pferde anhand ihres Geruchssinns sogar erkennen, wenn sich ein Raubtier in der Nähe befand.

Hören: Pferde können, wie Hunde, sehr hohe Töne hören, die wir Menschen nicht wahrnehmen. Diese Töne befinden sich im Ultraschallbereich. Mit ihren Ohren können sie aber noch viel mehr als hören. Sie zeigen damit an, wie ihnen zumute ist. Angelegte Ohren bedeuten zum Beispiel Ärger oder Aggression, nach vorne gestreckte Ohren zeigen Neugier und Interesse an.

QUIZ

Schmecken: Menschen haben ungefähr 10000 Geschmacksknospen. Weißt du, wie viele das Pferd hat? Es braucht viele, denn es muss beim Grasen auch erkennen können, welche Pflanzen es lieber stehen lässt, weil sie giftig sind. Pferde können die Geschmacksrichtungen süß, sauer, salzig und bitter unterscheiden.

Lösung: Pferde haben 35000 Geschmacksknospen!

Fühlen: Die Haut des Pferdes ist ein sehr feines Sinnesorgan. Hast du schon einmal beobachtet, wenn sich eine Fliege auf das Fell eines Pferdes setzt? Das Pferd merkt das sofort und kann an genau dieser Stelle eine Muskelzuckung auslösen, die den Störenfried wieder vertreibt. Wenn das Pferd friert, stellen sich die Fellhaare auf und bilden eine isolierende Schicht.

Beziehung und Kommunikation mit dem Pferd

Dein Pferd und du, ihr seid die dicksten Freunde? Das ist prima! Wenn du dich mit deinem Vierbeiner gut verstehst, ist das schon einmal sehr schön! Aber wie kommuniziert ihr miteinander?

ALLES CHEFSACHE ODER WAS?

Damit die Kommunikation mit deinem Pferd klappt, musst du als Mensch die Funktion des Anführers einnehmen. Sobald du etwas mit deinem vierbeinigen Freund unternimmst, solltest du das Kommando haben. Dein Pferd oder Pony muss dir folgen und darf nie versuchen, die Rolle des Chefs zu übernehmen. Das erreichst du, indem du immer konsequent, aber trotzdem fair zu ihm bist. Werde nie wütend oder ungerecht! Das versteht es nicht. Bleib ruhig und freundlich, aber bestimmt.

Du bist der Chef!

Wie in der Herde gibt es auch zwischen deinem Pferd und dir eine Rangordnung. Erst, wenn dein Vierbeiner dich als Herdenchef akzeptiert, ist ein sicherer Umgang mit dem Tier möglich. Es gibt Pferde, die immer wieder austesten, ob sie sich nicht in der Rangfolge nach oben kämpfen können. Hier ist ein konsequenter, besonnener Pferdemensch gefragt, der viel Erfahrung mit ranghohen Pferden hat.

STIMMKOMMANDOS

Gewöhne dir feste *Stimmkommandos* an. Wenn du zum Anhalten oder Losgehen immer dasselbe Kommando verwendest, versteht dich dein Pferd und fühlt sich sicher. Ob beim Putzen, *Longieren* oder Reiten. Je klarer du dich ausdrückst, desto besser weiß dein Pferd, was es tun soll. Alle Reiter eines Pferdes sollten deshalb am besten dieselben Stimmkommandos benutzen.

Lob und Tadel

Um dein Pferd zu loben, kannst du es am Hals streicheln. Oder du kraulst es an seiner Lieblingsstelle. Wenn es frech ist, sagst du deutlich „Nein!" – aber ohne zu laut zu werden. Pferde sind sensibel und verstehen sehr schnell!

KÖRPERSPRACHE

Du kannst mit deinem Pferd sprechen und es hört dir auch zu! Aber es versteht nicht alles, was du sagst. Dafür ist es aber ein Profi darin, deine *Körpersprache* zu lesen. Das bedeutet, es versteht die *Signale*, die du durch deine Körperhaltung oder durch bestimmte Gesten sendest. Übrigens auch dann, wenn du diese Signale gar nicht mit Absicht übermittelst. Dein Pferd reagiert anders als gewollt? Dann hast du vielleicht, ohne es zu merken, ein falsches Signal gegeben.

SPEZIAL

Pferdesprache

KEIN PFERD VIELER WORTE …

Na gut, dass Pferde nicht sprechen können wie wir, ist ja klar … Aber irgendwie können Sie es doch. Sie haben ihre Mimik, ihre Körpersprache und auch einige Laute und sind damit in der Lage, sich untereinander zu verständigen.

Wiehern: Pferde *wiehern* sich gegenseitig zu oder hinterher. Damit teilen sie den anderen mit: „He, ich bin hier! Wo seid ihr?" Deshalb wiehern sie besonders viel, wenn sie zum Beispiel mit dem Pferdeanhänger aus ihrem gewohnten Umfeld gebracht werden.

Brummeln: Begrüßt dein Pferd dich mit einem freundlichen *Brummeln*, wenn du es besuchst? Das ist schön, es freut sich, dich zu sehen!

Schnauben: *Schnauben* kann verschiedene Bedeutungen haben. Es kann Wohlbefinden ausdrücken oder *Artgenossen* beruhigen. Außerdem schnauben Pferde, um den Staub aus den *Nüstern* zu bekommen, ähnlich wie ein Niesen bei uns Menschen. Schnaubt ein Pferd laut und fauchend, so wittert es Gefahr und möchte die anderen warnen.

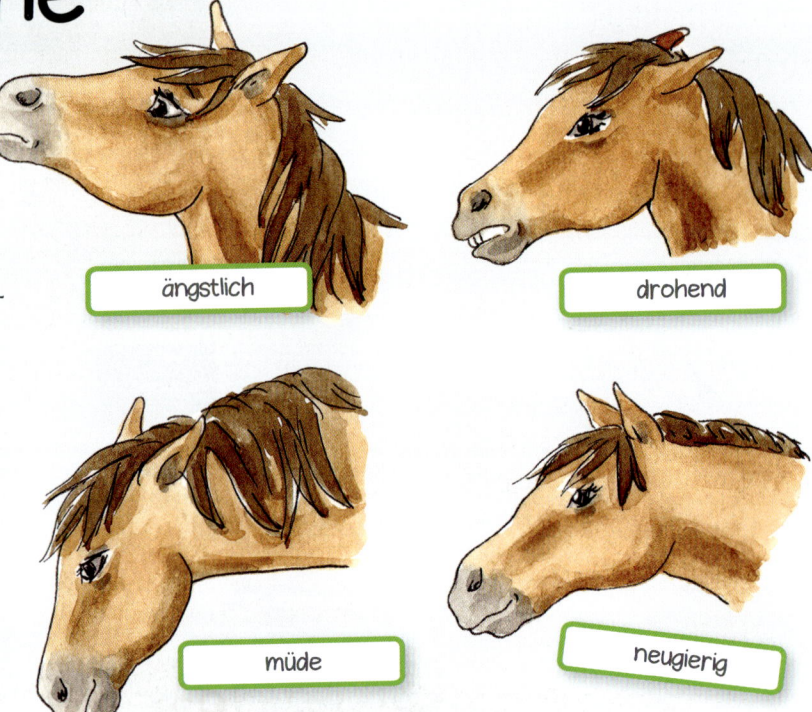

ängstlich

drohend

müde

neugierig

Sternchen brummelt wie ein Weltmeister, wenn ich mit ihrer abendlichen Futterration um die Ecke komme!

DAS SPIEL MIT DEN OHREN

Die Ohren zeigen dir, auf was das Pferd sich gerade konzentriert. Das nennt man *Ohrenspiel*. Beim Reiten kannst du zum Beispiel sehen, ob sich das Pferd auf deine *Reiterhilfen* konzentriert. Wenn die Ohren auf dich gerichtet sind, ist das ein Zeichen für ein aufnahmebereites Tier. Wenn du also deinem Pferd etwas Neues zeigst, nimmt es die Ohren nach vorne. Es ist aufmerksam und neugierig. Legt es sie ganz nach hinten an, bedeutet das: „Achtung! Komm mir ja nicht zu nahe!" Beobachte einmal das Ohrenspiel der Pferde auf der Weide. Pferdeohren sind ständig in Bewegung!

FEST MIT ALLEN VIER HUFEN AUF DEM BODEN?

Meistens nicht! Hast du schon einmal beobachtet, dass Pferde, die ruhig stehen oder *dösen*, fast immer ein Hinterbein wechselseitig entlasten? Das nennt man *Schildern*. Dabei stellt das Pferd eine Hufspitze auf, dadurch kann es ganz entspannt stehen und verbraucht dabei kaum Energie.

Neulich habe ich mein Sternchen schlafend vorgefunden. Ich habe mich vorsichtig zu ihr hinuntergebeugt und sie wachte auf. Meine Reitlehrerin sagt, es war ein großer Vertrauensbeweis, dass Sternchen neben mir liegen geblieben ist. Pferde legen sich nur hin, wenn sie sich absolut sicher fühlen!

Mein eigenes Pferd!

Sicher hast du schon einmal davon geträumt, ein eigenes Pony oder Pferd zu besitzen, das du ganz allein pflegen und versorgen kannst und auf dem nur du reitest!

EINE GROSSE VERANTWORTUNG

Ein eigenes Tier bringt jede Menge Pflichten mit sich. Wenn du bereits ein kleineres Haustier hast, kennst du das schon. Mit dem eigenen Pferd fällt viel mehr an als Liebhaben und Reiten. Du musst immer für deinen Schützling da sein – auch und vor allem wenn es ihm nicht gut geht. Ist dein Pferd krank oder verletzt, kannst du nicht reiten! Du musst dafür sorgen, dass sein Schlafplatz sauber ist und es Futter und Auslauf hat – und das jeden Tag und bei jedem Wetter. Regelmäßig muss der Tierarzt zum *Impfen* und der *Hufpfleger* oder *Schmied* kommen, drei bis vier Mal im Jahr braucht dein Pferd eine *Wurmkur*, und versichert muss es auch sein. Das alles verursacht hohe Kosten! Deshalb müssen deine Eltern ganz allein entscheiden, ob ihr euch das leisten könnt.

Bist du bereit für ein eigenes Pferd?

☑ *Seit wann reitest du schon?*
☑ *Wie gut kennst du dich mit Pferden aus?*
☑ *Hast du genug Zeit neben der Schule, deinen Freunden und anderen Hobbys?*
☑ *Bist du sicher, dass dir das Reiten auch in zehn Jahren noch Spaß macht?*

DAS RICHTIGE PFERD

Wie gut reitest du schon? Wenn du noch Anfänger bist, sollte dein Pferd schon etwas älter und besonders brav und erfahren sein. Hast du gerade erst mit dem Reiten begonnen, ist ein eigenes Pferd noch nichts für dich.

Das Pferd, das ihr kaufen wollt, solltest du mehrmals Probe reiten können. Am besten holst du es selbst von der Weide und putzt und sattelst es.

Wichtig! Das Pferd, das ihr aussucht, muss gesund sein! Um sicherzugehen, müsst ihr es von einem *Tierarzt* gründlich untersuchen lassen, bevor ihr es kauft.

Welches Pferd passt zu mir?

☑ *Wie gut reitest du? Je weniger Erfahrung du hast, desto erfahrener muss das Pferd sein.*

☑ *Wie groß bist du? Wie viel wächst du noch?*

☑ *Möchtest du Dressur reiten, springen oder hauptsächlich ausreiten?*

Pferdekauf

☑ *Such mit deinen Eltern die Adressen von bekannten Züchtern heraus.*

☑ *Vielleicht sucht ein Pferd aus deiner Reitschule einen neuen Besitzer?*

☑ *Frag deinen Reitlehrer/deine Reitlehrerin, ob du bereit für ein eigenes Pferd bist.*

☑ *Lasst das Pferd tierärztlich untersuchen. Das nennt man „Ankaufsuntersuchung".*

Pflegepferd oder Reitbeteiligung

Sei nicht traurig, wenn es mit einem eigenen Pferd noch nicht klappt. Du kannst dir auch erst einmal ein Pflegepferd oder eine Reitbeteiligung suchen. Um ein Pflegepferd kümmerst du dich an ein oder zwei Tagen in der Woche. So kannst du erst einmal üben, dich allein um ein Pferd zu kümmern, hast aber trotzdem noch Zeit für deine Freunde, die Schule und deine anderen Hobbys. Gleichzeitig sammelst du jede Menge Erfahrung und lernst immer besser reiten. So steht einem eigenen Pferd in ein paar Jahren nichts mehr im Weg.

VERANTWORTUNG AUF PROBE

Dafür möchte der Pferdebesitzer von dir eine Kostenbeteiligung sowie Mithilfe im Stall – und was am wichtigsten ist – absolute Verlässlichkeit. So kannst du dich schon einmal daran gewöhnen, Verantwortung zu übernehmen. Das Pferd, auch wenn es nicht dein eigenes ist, wartet auf dich und der Besitzer verlässt sich hundertprozentig auf deine Hilfe! Du wirst sehen – es ist ein schönes Gefühl, für ein Tier da zu sein, und die Freundschaft zwischen dir und „deinem" Pferd oder Pony ist etwas ganz Besonderes!

Bevor ich mein Sternchen bekommen habe, hatte ich eine Reitbeteiligung auf Amigo, dem Bayerischen Warmblut einer netten Frau an unserem Stall. Ich durfte mich zwei Mal in der Woche um ihn kümmern. Amigo ist immer noch bei uns. So kann ich ihm ab und zu eine Möhre zustecken ... Durch ihn habe ich gelernt, was es heißt, Verantwortung für ein Tier zu übernehmen.

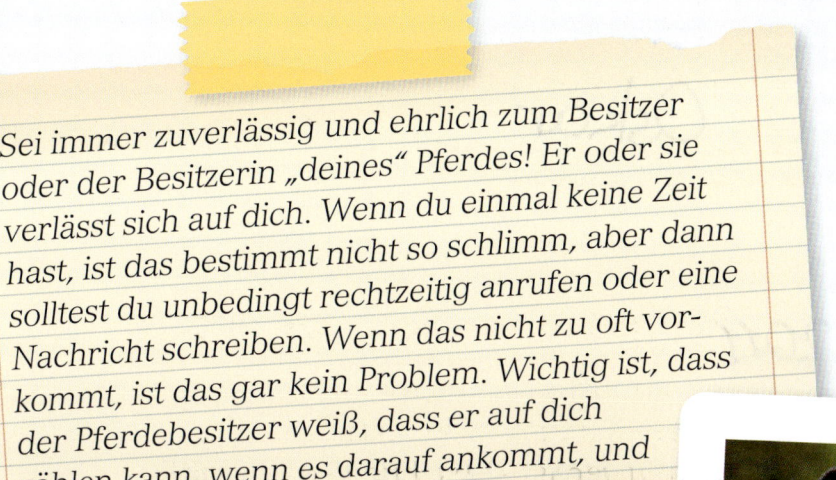

STALLFREUNDSCHAFTEN

Meistens gibt es an einem Stall mehrere Mädchen und Jungs, die eine Reitbeteiligung haben. Mit ihnen kannst du dich zum Ausreiten verabreden oder auch außerhalb des Reitstalls treffen. So gewinnst du neue Freunde, mit denen du bestimmt jede Menge Spaß haben wirst!

Sei immer zuverlässig und ehrlich zum Besitzer oder der Besitzerin „deines" Pferdes! Er oder sie verlässt sich auf dich. Wenn du einmal keine Zeit hast, ist das bestimmt nicht so schlimm, aber dann solltest du unbedingt rechtzeitig anrufen oder eine Nachricht schreiben. Wenn das nicht zu oft vorkommt, ist das gar kein Problem. Wichtig ist, dass der Pferdebesitzer weiß, dass er auf dich zählen kann, wenn es darauf ankommt, und dass du dich an eure Abmachungen hältst.

URLAUBSVERTRETUNG

Es kann auch einmal vorkommen, dass die Besitzerin oder der Besitzer deines Pflegepferds ein oder zwei Wochen wegfährt. Dann kannst du vielleicht sogar jeden Tag zum Pferd und wirst sehen, wie viel Arbeit das ist. Frag deine Eltern, ob sie es dir erlauben, sonst wartet das Pferd im Stall auf dich, aber du darfst nicht hin, weil du vergessen hast, es zu Hause zu erzählen …

SPEZIAL

Mein Lieblingspferd!

Sicher hast du in deiner Reitschule ein Pferd oder Pony, das du ganz besonders magst, oder? Auf den folgenden Seiten kannst du aufschreiben, was an deinem Liebling besonders ist, sein Aussehen und seinen Charakter beschreiben und Fotos von ihm einkleben.

Mein Lieblingspferd heißt

Oskar

Geburtsdatum: *11.01.2011*

Alter: *07 Jahre*

Rasse: *Appalosa*

Geschlecht: *Männlich*

Farbe: *Weis Schwarz Gepunktet*

Stockmaß: *1,40m*

Lieblingsfutter: *Lecker hapis*

Mein Lieblingspferd und ich

Unser schönstes gemeinsames Erlebnis: *als wir durch den Wald geritten sind und dan hat es angefangen zu Gewittern. Da sind wir im Galopp 2km geritten bis zum stahl. Natürlich mit: Hanna und Molly, Mariella und Zwerg* ☺

Mein Lieblingspferd ist natürlich Sternchen! Wir beide verstehen uns einfach prima. Wenn ich zu Sternchen an die Box komme, brummelt sie mir entgegen. Meistens habe ich ein oder zwei Leckerli oder Möhren für sie dabei. Wenn es draußen regnet, gehe ich manchmal zu Sternchen in die Box und kraule sie an ihrer Lieblingsstelle: hinter den Ohren!

Hat dein Lieblingspferd auch eine Lieblingsstelle?
Wo ist sie?

Klebe hier Fotos von dir und deinem Lieblingspferd ein!

HALTUNG UND PFLEGE

Pferde putzen

Das Putzen des Pferdes dient nicht nur der Sauberhaltung.
Es ist auch eine Massage, die die meisten Vierbeiner sehr genießen …

STREICHELEINHEITEN

Beim Putzen kann sich dein Pferd so richtig entspannen. Das Bürsten des Fells ist für unsere vierbeinigen Freunde wie eine Massage. Die meisten von ihnen genießen das sehr. Bei Pferden, die du noch nicht kennst, solltest du immer gut aufpassen, denn auch Tiere haben Stellen, an denen sie nicht so gern angefasst werden wollen.

Was gehört in den Putzkasten?

- ☑ Hufkratzer
- ☑ Striegel
- ☑ Kardätsche
- ☑ Kopfbürste
- ☑ Wurzelbürste
- ☑ Mähnenkamm oder -bürste
- ☑ Waschbürste
- ☑ Schwamm

FELLPFLEGE

Auf der Weide betreiben Pferde auch untereinander Fellpflege. Das ist ein wichtiger Bestandteil ihres Soziallebens. Oft kannst du Pferde beobachten, die dicht beieinander stehen und sich gegenseitig mit den Lippen und Zähnen den Hals oder den Rücken kraulen. Das machen aber nur Pferde, die sich mögen.

EINSATZ VON HUFKRATZER, STRIEGEL UND CO.

Als Erstes kratzt du deinem Pferd die Hufe aus. Dazu nimmst du den *Hufkratzer* in die rechte Hand und fährst mit der linken Hand am *Röhrbein* des linken Beines entlang nach unten. Du räumst mit dem Kratzer – beginnend in den seitlichen *Strahlfurchen* – den Sand, die Erde und den Mist, der sich dort gesammelt hat, zur Hufspitze hin aus. Mit der kleinen Bürste entfernst du dann den gelösten Schmutz. Auf der rechten Seite gehst du umgekehrt vor. Mit deiner rechten Hand nimmst du das rechte Vorderbein und machst den Huf mit der linken Hand sauber. Die Hinterbeine nimmst du vorsichtig nach hinten, aber nicht zu weit.

Dann gehst du mit dem *Striegel* in kräftigen, kreisenden Bewegungen über das Fell, um den Staub zu lösen. Kopf und Beine lässt du aus, denn hier liegen die Knochen direkt unter der Haut, das ist für das Pferd unangenehm. Wenn du das Fell aufgeraut hast, bürstest du es mit der *Kardätsche* glatt. Ab und zu ziehst du die Kardätsche über den Striegel, damit der Staub herausfällt, und klopfst den Striegel danach aus. Übrigens, mit der Kardätsche darfst du immer nur in die Richtung bürsten, in der das Fell wächst. Wenn du dir unsicher bist, lass es dir von jemandem zeigen, der Erfahrung im Putzen von Pferden hat.

Hufkratzer

Striegel

Kardätsche

Wurzelbürste

Kopfbürste

Wenn das Pferd sicher und brav steht, bürstest du mit der *Wurzelbürste* von oben nach unten das Fell an den Beinen glatt.

Mit der *Kopfbürste* oder *Schmusebürste* bürstest du vorsichtig den Kopf. Manche mögen das sehr, andere gar nicht. Du wirst bald merken, welche Putz- und Streicheleinheiten bei deinem Vierbeiner gut ankommen und welche nicht ...

NÜSTERN UND AUGEN

Mit einem feuchten Schwamm kannst du vorsichtig auch die Nüstern und die Augenpartien deines Pferdes reinigen. Achte genau auf die Signale deines Pferdes. Wenn es im Gesicht empfindlich ist, solltest du hier besonders gut aufpassen.

MÄHNE UND SCHWEIF

Die Mähne kämmst du Strähne für Strähne mit einem *Mähnenkamm* oder einer Bürste. Halt immer die Strähne, die du durchkämmst, oben fest, damit du keine Haare herausziehst. Ebenso verfährst du mit dem Schweif. Man kann die Mähnen- und Schweifhaare aber auch *verlesen*. Dabei nimmst du ein Büschel Haare in die eine Hand und ziehst mit der anderen behutsam Strähne für Strähne heraus, um sie zu entwirren. Beim Verlesen des Schweifes solltest du immer seitlich neben dem Pferd und nie direkt hinter ihm stehen. Erinnerst du dich an das Sichtfeld unserer Vierbeiner?

Was mag mein Pferd?

Manche Pferde empfinden die Berührung am Bauch als unangenehm. Besonders rossige Stuten mögen es nicht so gern, wenn man sie dort anfasst. Aber jedes Pferd hat auch seine Lieblingsstellen. Finde heraus, wo dein Vierbeiner gern gekrault wird. Dort kannst du dein Pferd dann streicheln, um es zu belohnen.

Achtung: Reagiert ein Pferd extrem empfindlich auf bestimmte Berührungen, kann es auch sein, dass ihm etwas wehtut.

COOLE ERFRISCHUNG IM SOMMER

Wenn dein Pferd unter dem Sattel geschwitzt hat, kannst du die Sattellage mit lauwarmem Wasser abwaschen, damit das Fell nicht vom Schweiß verklebt. Als Abkühlung an heißen Tagen kannst du sogar das ganze Pferd abduschen. Achtung, der Kopf sollte dabei nicht nass werden. Vor allem darf kein Wasser in die Ohren und Nüstern deines Pferdes gelangen! Fang immer unten an den Pferdebeinen an und geh dann langsam nach oben, damit das Pferd sich an das kühle Wasser gewöhnen kann. Am besten lässt du dir von jemandem helfen, der dein Pferd am Strick hält, so kannst du den Wasserschlauch besser bedienen.

Mähne und Schweif flechten

Es gibt verschiedene Gründe, Mähne oder Schweif einzuflechten. Zum einen sieht es schön aus, zum Beispiel für Feiern oder Fotoshootings, zum anderen ist auf dem Turnier eine schön eingeflochtene Mähne fast schon ein Muss …

TURNIERFRISUREN

Eine mittellange bis kurze Mähne kann man *zöpfeln* oder *einnähen*.

1 Zuerst unterteilst du die Mähne in mehrere gleich dicke Strähnen.

2 Dann beginnst du ganz vorn, also hinter den Ohren, die einzelnen Strähnen zu Zöpfen zu flechten.

3 Die fertigen Zöpfchen fixierst du dann mit Mähnengummis. Zum *Einnähen* der Zöpfe rollst du sie einfach von oben nach unten zusammen und ziehst mit einer stumpfen Nadel eine Schnur durch den aufgerollten Zopf.

4 Die Fäden knotest du dann zusammen und fertig ist eine wunderschöne Turnierfrisur!

Eindruck machen ...

Das Einflechten ist auf dem Turnier keine Pflicht, wird aber vor allem in den höheren Klassen gern gesehen. Nicht nur deine reiterliche Leistung, sondern auch der Gesamteindruck des Pferdes ist wichtig, um die Richter zu beeindrucken. Fällt dein Pferd durch ein gepflegtes Äußeres auf, so ist das schon die halbe Miete!

FÜR LANGE MÄHNEN: DER SPANISCHE ZOPF

1 Zuerst teilst du hinter den Ohren drei daumendicke Strähnen ab und flichtst sie zusammen.

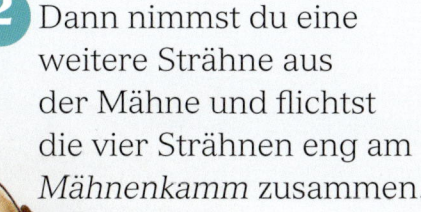

2 Dann nimmst du eine weitere Strähne aus der Mähne und flichtst die vier Strähnen eng am *Mähnenkamm* zusammen.

3 Das führst du nun immer so fort, bis der Zopf in Richtung *Widerrist* immer dicker wird. Wenn du am untersten Stück angekommen bist, flichtst du den Zopf mit den verbleibenden Haaren zusammen, sodass ein Zopf am Widerrist herunterhängt. Fertig ist der Spanische Zopf!

○ Tipp

Stell dich beim Einflechten auf einen stabilen Hocker und lass dir von einer Freundin helfen. Manche Pferde stehen nicht gern so lang still und es ist hilfreich, wenn jemand das Pferd während des „Friseurtermins" ein wenig ablenkt oder beruhigt.

Vor einer Weile hatte ich mit Sternchen einen Fototermin! Ein echter Pferdefotograf kam zu uns in den Stall und hat mein Pony und mich fotografiert. Vorher habe ich Sternchen natürlich auf Hochglanz geputzt und ihr einen Spanischen Zopf geflochten. Haflingern steht das besonders gut! Die Fotos sind wunderschön geworden. Passen wir nicht prima zusammen?

○ Tipp

Für Hochzeiten oder Segnungsritte sieht es besonders schön aus, wenn du deinem Pferd Blumen in Mähne und Schweif einflichtst. Frische Blumen sehen zwar schöner aus, haben aber den Nachteil, dass sie welken und dann traurig herunterhängen. Unechte Blumen kannst du auch besser an den Zöpfchen befestigen, da sie nicht so empfindlich sind.

Messer, Gabel, Schere, Licht ...

Pass immer gut auf, wenn du mit der Schere und der Nadel am Pferdehals hantierst! Manche Pferde werden mit der Zeit ungeduldig und hampeln herum. Bevor es hektisch wird und du dein Pferd mit spitzen Gegenständen verletzt, leg lieber eine Pause ein.

FRANZÖSISCHER ZOPF

1 Um einen schönen Zopf zu flechten, teilst du die oberen Haare des Schweifs zunächst in drei dünne Strähnen und flichtst sie.

2 Nun flichtst du weiter und nimmst neue dünne Strähnen von außen dazu.

3 Dann werden die restlichen oberen Schweifhaare in einen normalen Zopf zu Ende geflochten. So schön sieht das dann aus!

DEN GANZEN SCHWEIF FLECHTEN

Das machen vor allem die Western-Turnierreiter. So soll der Schweif geschützt werden. Er wird dann erst kurz vor der Turnierprüfung geöffnet. Außerdem sind die Schweifhaare dann schön gewellt, was den Schweif fülliger macht und richtig hübsch aussieht.

Ausrüstung fürs Pferd

Rauf aufs Pferd und los geht's?
Da war doch noch was: Rund ums Pferd
gibt es jede Menge Zubehör! Wie gut kennst
du dich aus mit Halfter, Sattel und Co.?

QUIZ

Kennst du den Unterschied zwischen Führstrick *und* Anbindestrick? *Beim Führstrick ist es wichtig, dass der Haken (Karabiner) nicht aufgeht, falls dein Pferd sich einmal loszureißen versucht. Beim Anbindestrick ist es genau umgekehrt: Der Haken öffnet sich, falls das Pferd erschrickt, damit nichts passiert! Weißt du, wie so ein Haken heißt?*

Lösung: Panikhaken

AUSRÜSTUNG FÜR STALL UND WEIDE

In der Box und auf der Weide braucht ein Pferd keine Ausrüstung. Manche Pferde haben aber trotzdem immer ein *Halfter* an. Wenn du dein Pferd führst oder anbindest, brauchst du einen *Strick*. Den Haken hängt man im unteren Ring des Halfters ein. Das ist die Grundausrüstung, um mit dem Pferd umgehen zu können.

LONGE

Die Longe ist ein sieben bis acht Meter langes Seil mit einem Karabinerhaken, den man entweder am Trensenring oder am mittleren Ring des Kappzaums befestigt. Mit der Peitsche wirkt der Longenführer auf das Pferd ein, indem er es an bestimmten Körperstellen gezielt mit der Peitschenschnur leicht antippt.

REITAUSRÜSTUNG

Zum Reiten braucht dein Pferd einen *Sattel* und eine *Trense*. Aber reicht das wirklich?

KLEINE SATTELKUNDE

Huch, diese beiden Sättel sehen ja total unterschiedlich aus! Richtig erkannt – das eine ist ein *Englischsattel* und das andere ein *Westernsattel*. In Letzterem sitzt der Reiter sehr bequem. Das war ursprünglich wichtig für die *Cowboys*, die beim Treiben der Kühe auf den riesigen Weideflächen manchmal den ganzen Tag auf dem Pferd verbrachten.

Englischsattel

Westernsattel

Sabrina sammelt Schabracken! Sie hat in ihrem Sattelschrank unzählig viele in verschiedenen Farben. Annas Pferd Flocke ist ein Westernpferd. Anna hat nur ein dickes Westernpad, die sind etwas teurer als unsere Schabracken …

UND WAS TRÄGT MAN DARUNTER?

Um das Sattelleder des Englischsattels vor Schweiß zu schützen, legt man eine *Satteldecke* oder *Schabracke* darunter. Unter den Westernsattel kommt eine dick gepolsterte Sattelunterlage (*Pad*), da der Westernsattel, anders als ein Dressur-, Vielseitigkeits- oder Springsattel, selbst nicht gepolstert ist.

Schabracken

Englisches Reithalter

TRENSE

Genau genommen ist die *Trense* nur das Gebissstück mit den dazugehörigen Gebiss-ringen, in die die *Zügel* eingeschnallt wer-den. Das Lederzeug ist das Kopfstück. Alles zusammen wird als Zaumzeug bezeichnet.

Wassertrense

Die Westernreiter nennen die Wassertrense „Snaffle Bit".

Snaffle Bit

Westerntrense mit Snaffle Bit

HILFSZÜGEL

Bei Reitanfängern, die noch keinen ru-higen Sitz haben, schnallt der Reitleh-rer dem Pferd oft *Hilfszügel* ein. Diese helfen dem Reiter, das Pferd besser mit den Zügeln kontrollieren zu können. Außerdem läuft das Pferd verhaltener, sodass der Reitanfänger angenehmer sitzen kann.

Pferd an der Longe mit Ausbindern

BEINSCHUTZ

Die Beine des Pferdes sind empfindlich. Beim Springen sollte man sie immer mit *Gamaschen* schützen. *Bandagen* sind ebenfalls geeignet, um die Pferdebeine vor Anschlagen zu schützen, sollten aber nur von einem erfahrenen Reiter angelegt werden, weil das richtige Bandagieren nicht einfach ist. Bandagen dürfen weder zu eng sitzen, um das Pferdebein nicht zu quetschen, noch dürfen sie zu locker gewickelt sein, da sie sich sonst beim Reiten ablösen und so zu schweren Unfällen führen können, weil das Pferd erschrickt und stolpert.

Ohne alles …

Die richtige Ausrüstung ist wichtig bei der Arbeit mit dem Pferd. Aber ein besonders hohes Ziel ist es, beim Reiten oder bei der Bodenarbeit ganz ohne Halfter, Seil, Sattel und Zaumzeug auszukommen …

DECK MICH ZU!

Es gibt jede Menge verschiedene Decken für Pferde … Manche Pferde tragen im Winter eine gefütterte *Winterdecke*, anderen reicht ihr molliges Winterfell. Manche Pferdebesitzer versuchen, ihre Pferde im Sommer mit einer *Fliegendecke* zu schützen. Nach dem Reiten, wenn das Pferd geschwitzt hat, deckt man es mit einer *Abschwitzdecke* aus Fleece ein. Und wenn es richtig aus Eimern schüttet, freut sich manches Pferd über eine wasserdichte *Regendecke*.

Abschwitzdecke

OPTIMAL ANGEPASST …

Viele im Offenstall artgerecht gehaltene Pferde passen sich den Temperaturen auf natürliche Art und Weise an. Sie können sich bei Regen unterstellen und wenn es richtig eisig kalt wird, haben sie bereits ihr *Winterfell* entwickelt, das sie optimal wärmt. Trotzdem kann es sinnvoll sein, ein von der Arbeit nassgeschwitztes Pferd mit dickem Winterfell mit einer leichten Fleecedecke einzudecken. Aber denk immer daran, sie wieder abzunehmen, sobald das Pferd trocken ist. Über Nacht sollte die Decke nicht auf dem Pferd bleiben!

Ausrüstung für den Reiter

Gehst du auch so gern shoppen wie Sophie und ihre Freundinnen? Klamotten, Schmuck, Bücher …? Und natürlich Pferdesachen! Es macht einen Riesenspaß, Sachen fürs Pferd zu kaufen. Und auch für dich gibt es jede Menge Ausrüstung.

QUIZ

Was braucht man zum Reiten?

Nicht nur dein Pferd, auch du brauchst die richtige Ausstattung zum Reiten. Für deine ersten Reitstunden reichen bequeme Kleidung und feste Schuhe, die über die Knöchel gehen und einen Absatz haben. Außerdem ist ein Reithelm absolute Pflicht! Zähle hier auf, welche Kleidung du beim Reiten anhast und was man sonst noch braucht:

? _____
? _____
? _____
? _____
? _____

Lösung: Schutzweste, Reithose, Reitstiefel, bequemes Oberteil, Handschuh

JEANS UND BOOTS …

Westernreiter tragen zum Reiten und bei der täglichen Arbeit bequeme Jeans und robuste Lederstiefel.

NIE OHNE HELM!

Ein Helm ist beim Reiten unerlässlich! Auf Westernturnieren besteht zwar nur für Reiter und Reiterinnen unter 18 Jahren eine Helmpflicht, es ist aber aus Sicherheitsgründen grundsätzlich besser, mit Helm zu reiten.

Reithose mit Vollederbesatz

DIE RICHTIGE REITHOSE

Es gibt Reithosen mit *Teillederbesatz* und solche mit *Vollederbesatz*. Bei den Hosen mit Teillederbesatz ist nur der Teil mit Leder verstärkt, wo die Wade am Sattel anliegt. Bei den Vollederreithosen sind das ganze Bein bis zur Wade und auch der Po mit Leder verstärkt. Sie verhelfen zu einem festeren Sitz im Sattel.

REITSTIEFEL

Als Reitanfänger kann man sich zunächst ganz einfache Gummireitstiefel kaufen. Sie sind nicht so teuer, halten lange und reichen vorerst völlig aus. Später kannst du dir dann ein schönes Paar Lederreitstiefel leisten.

Meine ersten richtigen Lederreitstiefel habe ich mir zum Geburtstag gewünscht. Das war ein prima Geschenk!

Chapsletten

CHAPSLETTEN

Statt der wadenhohen Reitstiefel kannst du auch *Chapsletten* aus Baumwolle oder Leder über deinen Reitschuhen oder Stiefeletten tragen. Das ist eine Art Gamaschen für den Reiter. Du schlüpfst mit den Reitschuhen in die Gummischlaufen, legst die Chapsletten um deine Wade und schließt den Reißverschluss außen am Bein. Ob Stiefel oder Chapsletten, jeder muss für sich herausfinden, womit er sich wohler fühlt.

HANDSCHUHE JA ODER NEIN?

Manche Reiter tragen beim Reiten immer Handschuhe, manche reiten lieber ohne. Wenn ein Pferd dir schon mal die Zügel durch die Hand gezogen hat, wirst du wissen, wozu sie gut sind. Es gibt aber auch Reiter, die lieber darauf verzichten, weil sie so ein besseres Gefühl in den Fingern haben.

Die Sache mit den Sporen ...

Hast du dich schon mal gefragt, warum die fortgeschrittenen Reiter manchmal Sporen an den Stiefeln tragen? Sie dienen dazu, dem Pferd feinere Hilfen zu geben, anstatt mit dem ganzen Bein zu treiben. Natürlich haben sie an den Fersen von Reitanfängern nichts verloren. „Die Sporen muss man sich erst verdienen", so sagt man. Man muss dazu erst ein sehr guter Reiter werden.

Als ich noch Reitunterricht auf Schulpferden hatte, brauchte ich bei manchen Pferden eine Gerte, weil sie nicht gut auf mein Bein reagierten. Die sollte ich dann mit der Gerte ganz leicht antippen. Am Anfang wollte ich Sternchen nicht mit Gerte reiten, aber meine Reitlehrerin sagt, dass sie dazu dient, manchen Pferden die Reiterhilfen etwas besser verständlich zu machen.

REITEN IST AUCH IM WINTER SCHÖN ...

... vorausgesetzt, man muss nicht frieren! Dafür gibt es extrawarme Handschuhe und gefütterte Reitjacken, und wenn es ganz eisig wird, kannst du eine Thermoreithose anziehen. Du kannst sogar deinen Sattel mit einem Lammfellbezug beziehen. Und damit du dich nicht erkältest, sind warme Füße ein Muss! Es gibt gefütterte Winterreitstiefel, du kannst aber auch Lammfellsohlen in deine Stiefel oder Schuhe legen.

Mir macht Regenwetter nichts aus! Wenn es richtig aus Eimern schüttet, ziehe ich mir zum Ausreiten eine Regenhose und einen Regenmantel über. Dafür krame ich dann meine alten Gummireitstiefel hervor. Für Sternchen habe ich eine Regendecke mit einer Aussparung für den Sattel. Wenn der Sattel einmal richtig nass wird, trockne ich ihn nach dem Reiten mit einem Tuch ab und fette ihn am nächsten Tag ganz dünn ein.

Hufe und Hufeisen

Wie Pferdehufe aufgebaut sind, hast du schon im Kapitel über Anatomie gelesen. Hier erfährst du, wie man die Hufe pflegen muss, und warum manche Pferde einen Hufschutz brauchen.

MANIKÜRE UND PEDIKÜRE

Ungefähr alle sechs Wochen muss der *Hufpfleger* zu euch kommen und die Hufe deines Pferdes bearbeiten. Dazu schneidet er mit einem *Hufmesser* das nachgewachsene Horn an der *Sohle* und am *Strahl* weg. Für den „Feinschliff" nimmt er eine große *Raspel*. Schau ihm mal dabei zu – du wirst feststellen, das ist ein echter Knochenjob!

HUFEISEN

Beim Laufen auf Asphalt, Schotter und Sand werden die Hufe abgenutzt und wachsen manchmal nicht schnell genug nach. Die Folge ist eine zu dünne Sohle, wodurch das Pferd Schmerzen beim Laufen hat. Dann kann es helfen, dem Pferd Hufeisen aufzunageln. Das macht der *Hufschmied*. Die Eisen müssen regelmäßig kontrolliert und alle sechs bis acht Wochen erneuert werden.

QUIZ

Sehen alle Hufe gleich aus?

a) *Pferde haben entweder vier weiße Hufe oder vier dunkle Hufe.*
b) *Ja, Hufe sind immer braun.*
c) *Die Hufe haben die gleiche Farbe wie das Fell an der Stelle, wo der Huf anfängt.*

Lösung: c) An einem Bein mit weißem Fell ist der Huf hell, an einem Bein mit dunklem Fell ist er dunkel. Manche Pferde, vor allem Schecken, haben deshalb manchmal auch zweifarbige Hufe.

54

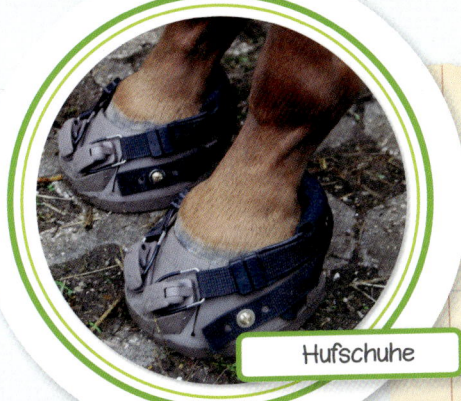

Hufschuhe

Schutz für empfindliche Pferdefüße

Es gibt viele Möglichkeiten, die Hufe eines Pferdes zu schützen. Eine kennst du schon! Die Hufeisen. Man kann seinem Pferd aber auch Hufschuhe anziehen oder ihm Hufeisen aus Plastik aufkleben lassen, statt sie festzunageln.

Bringen Hufeisen Glück?

Hast du schon einmal ein Hufeisen auf der Weide gefunden? Dem Pferd, das es verloren hat, bringt es leider kein Glück. Der Pferdebesitzer muss den Schmied anrufen. Wenn du ein Hufeisen findest, musst du es einsammeln. Oft stehen noch die Hufnägel heraus und die Pferde könnten sich wehtun, wenn sie in das Eisen treten! Aber auch du solltest aufpassen, dass du dich nicht verletzt!

HUFE WASCHEN

Wenn es längere Zeit nicht regnet und die Böden trocken sind, kannst du deinem Pferd die Hufe waschen. Dafür säuberst du sie erst sorgfältig mit dem Hufkratzer und tauchst dann eine *Waschbürste* in einen Wassereimer oder verwendest einen Wasserschlauch. Mit der nassen Bürste schrubbst du kräftig allen Schmutz von der Hufunterseite und anschließend auch von den *Hufwänden*. Danach kannst du sie mit ein wenig Huföl einpinseln. Das solltest du aber nicht zu

oft machen, damit die natürliche Balance im Huf nicht zerstört wird. Es gibt viele verschiedene Pflegemittel für die Hufe. Wirklich nötig sind sie aber in den meisten Fällen nicht. Es sieht natürlich aber sehr hübsch aus, wenn die Hufe deines Pferdes glänzen.

Der richtige Stall

Artgerechte Pferdehaltung ist das A und O. Immer mehr Pferde wohnen daher in einem *Offenstall*. Aber auch die Haltung in einer großen *Box* mit Fenster oder einem kleinen der Box angeschlossenen Auslauf (*Paddock*) gibt es noch häufig. Das Wichtigste ist bei allen Haltungsformen, dass die Pferde sich wohlfühlen und es ihnen an nichts fehlt.

IMMER IN BEWEGUNG ...

Wenn Pferde es sich aussuchen könnten, würden sie Tag und Nacht mit ihren Kumpels auf der *Weide* herumtollen und Gras oder *Heu* knabbern. Wenn dein Pferd in einer *Box* wohnt, muss diese groß genug sein! Tagsüber sollte es mit anderen Pferden auf der *Koppel* sein. Ein Pferd muss richtig viel draußen laufen und herumtollen können und braucht *Sozialkontakt*, sonst wird es krank!

OFFENSTALL

Im *Offenstall* können sich die Pferde so bewegen, wie es ihnen am liebsten ist, miteinander spielen, sich zum Dösen in den Sand legen oder sich im Unterstand ausruhen. In einem *Aktivstall* leben die Pferde ein bisschen wie in der freien Natur. Dort werden sie durch die Anordnung verschiedener Versorgungsstationen animiert, sich zu bewegen. Um beispielsweise an die Tränke oder zur Heuraufe zu gelangen, müssen sie oft ans andere Ende des Paddocks. Puh, wie anstrengend, denkst du? Pferde finden das toll! Weißt du noch? Sie sind *Lauftiere*!

Eine Paddockbox ist eine Außenbox mit einem kleinen Auslauf davor.

WEIDEHALTUNG

Man kann Pferde auch Tag und Nacht auf der Weide halten. Vor allem Jungpferde werden häufig so gehalten. So können sie nach Herzenslust herumtoben und um die Wette galoppieren. Eine Wasserquelle und ein paar Bäume oder Unterstände als Schutz vor Sonne oder starkem Regen: Das ist das ideale Pferde-Zuhause!

Worauf kommt es bei einem guten Stall an?

- ☑ Ist die Weidefläche ausreichend für alle Pferde?
- ☑ Haben die Pferde genügend Sozialkontakt?
- ☑ Sind die Gruppen so zusammengestellt, dass die Pferde sich gut verstehen?
- ☑ Sind die Offenställe weitläufig und die Boxen groß genug?
- ☑ Sind die Weidezäune in Ordnung oder stehen spitze Nägel hervor?
- ☑ Werden die Tiere regelmäßig ausreichend gefüttert und getränkt?
- ☑ Geht der Stallbetreiber liebevoll mit den Tieren um?
- ☑ Werden die Tiere regelmäßig auf Verletzungen und Krankheiten untersucht?
- ☑ Können kranke Pferde zur Not einzeln untergebracht werden?

HOME SWEET HOME ...

Beobachte dein Pferd genau. Hat es Appetit, ein glänzendes Fell, tobt es mit seinen Artgenossen herum, brummelt es dich freundlich an, wenn du zur Weide oder zum Stall kommst? Dann kannst du dir ziemlich sicher sein: Es fühlt sich in seinem Zuhause wohl.

Pferde füttern

Zur richtigen Pflege deines Pferdes gehört natürlich auch die Fütterung. Sie spielt gerade beim Dauerfresser Pferd eine erhebliche Rolle. Ganz nach dem Motto „Du bist, was du isst" hängt das Wohlbefinden und die Gesundheit unserer vierbeinigen Freunde sehr davon ab, was auf ihrem Speiseplan steht.

DER SPEISEPLAN DER NATUR

In der *Steppe* haben sich Pferde von Gräsern, Blättern, Sträuchern, Rinden, Wurzeln und Beeren ernährt. Bei der Suche nach Nahrung und Wasser legten sie dabei täglich bis zu 30 Kilometer zurück!

UND IM STALL?

Das Hauptnahrungsmittel unserer Reitpferde ist *Heu* – also getrocknete Gräser und Kräuter. *Raufutter* ist wichtig für ihre *Verdauung*. Im Sommer fressen sie auch frisches Gras. Zusätzlich füttert man den meisten Reitpferden ein *Kraftfutter*, zum Beispiel *Hafer, Gerste, Mais, Pellets* (kleine, gepresste Röllchen aus getrocknetem Gras oder Getreide) oder ein fertig gemischtes *Müsli*. Im Winter steht außerdem *Saftfutter* auf dem Speiseplan: ein paar Karotten und ab und zu ein Apfel … Das lieben alle Pferde!

WIR HABEN HUNGER, HUNGER, HUNGER ...

Im Gegensatz zu uns halten sich Pferde nicht an feste Mahlzeiten. Zwar wird in den meisten Ställen morgens, mittags und abends gefüttert, trotzdem sollten die Pferde immer Zugang zu Heu, Stroh und Wasser haben. Damit sie dabei nicht zu dick werden, muss der Pferdebesitzer dafür sorgen, dass sein Pferd ausreichend bewegt wird. Es liegt in der Natur des Pferdes, täglich bis zu 16 Stunden mit Fressen zu verbringen.

Lebenselixier Wasser

Pferde saufen je nach Temperatur 20 bis 70 Liter Wasser am Tag. In den meisten Ställen sind automatische Tränken installiert, an denen das Pferd jederzeit seinen Durst stillen kann.

DIE VERDAUUNG

Die *Verdauung* des Pferdes ist kompliziert. Was sie gefressen haben, können sie so schnell nicht wieder loswerden! Einmal heruntergeschluckt, muss die Nahrung den langen Weg durch das Verdauungssystem antreten. Allein der *Dünndarm* eines Pferdes ist über 20 Meter lang! Für Pferde ist es wichtig, dass sie gut kauen. Die Nahrung wird mit den Backenzähnen zerkleinert. So ist der Nahrungsbrei leichter zu verdauen und gelangt dann über die Speiseröhre in den Magen.

LEBENSWICHTIGE MINERALIEN

Weißt du, warum gesunde Ernährung so wichtig ist? Die Zellen, aus denen der Körper besteht, brauchen bestimmte Nährstoffe, um richtig zu funktionieren. Diese müssen durch die Nahrung aufgenommen werden. Um das sicherzustellen, füttert man ein Mineralfutter zu.

VORSICHT, GIFTIG!

Es gibt viele Pflanzen, die giftig für dein Pferd sind! Wenn du sie gut kennst, kannst du verhindern, dass es sie frisst. Nicht alle Pferde wissen, was gut für sie ist und was sie lieber nicht fressen sollten. Giftige Pflanzen schmecken zwar oft bitter, was unsere Vierbeiner aber leider nicht immer davon abhält, davon zu naschen. Es ist deshalb gut, wenn du die gefährlichen Pflanzen kennst, damit du verhindern kannst, dass dein Pferd im Übereifer ein Kraut frisst, das ihm nicht bekommt. Einige siehst du hier:

Herbstzeitlose

Jakobskreuzkraut

Ginster

Goldregen

Eibe

Maiglöckchen

Schneeglöckchen

Tuttifrutti?

Versuch es mal mit einer Banane oder im Sommer mit einem Stück Melone! Viele Pferde lieben exotisches Obst! Finde heraus, was dein Pferd gern frisst, und mach ihm damit ab und zu eine ganz besondere Freude! Aber nicht übertreiben!

LECKERLIS – JA, ABER ...

Es ist im Grunde genau wie bei uns Menschen: Ab und zu ein Stück Kuchen oder ein Bonbon schaden niemandem. Aber übertreiben sollte man es nicht. Leckerlis sind eine kleine willkommene Abwechslung im Alltag deines Pferdes. Dennoch solltest du sie nicht in großen Mengen verfüttern. Es schadet zum einen der Gesundheit deines Pferdes, zum anderen gewöhnen sich unsere Vierbeiner so nur allzu leicht an, auf eigene Faust in den Taschen „ihres" Menschen nach ihrer „Belohnung" zu suchen, selbst dann, wenn sie sich gar keine verdient haben.

Wenn du deinem Pferd also etwas gibst, dann am besten immer nur ausnahmsweise und als Belohnung, zum Beispiel für eine gut ausgeführte neue Übung oder beim Verladetraining, wenn es brav in den Anhänger gegangen ist. Übertreibst du es aber mit dem Füttern von Leckerlis, fängt dein Pony an zu betteln und lernt sogar, in deinen Taschen zu wühlen oder zu zwicken. Dann musst du es konsequent zurechtweisen und eine Weile auf das Füttern von Leckerlis verzichten.

Zuckerstückchen – nein, danke!

Zuckerstückchen sind für dein Pferd genauso ungesund wie für dich. Sie sind nicht nur schlecht für die Zähne, sondern können auf Dauer auch vielerlei Krankheiten auslösen!

SPEZIAL

Leckerlis selber backen

Jedes Pferd liebt Leckerlis! Oder hast du schon mal eins erlebt, das sich nicht gierig darauf stürzt? Leckerlis gibt es in allen Geschmacksvarianten zu kaufen.
Aber richtig cool sind selbst gebackene Leckerlis!

APFEL-HAFERLIS

Und so geht's:
Als Erstes schälst du die Äpfel und reibst sie in eine Schüssel. Dann fügst du die Haferflocken hinzu und knetest alles zu einem festen Teig. Daraus formst du kleine Kugeln und legst sie auf ein Backblech mit Backpapier. Lass dir von deinen Eltern den Ofen auf 150 Grad vorheizen. Dann backst du die Haferlis auf der mittleren Schiene ungefähr eine Stunde. Zwischendurch solltest du die Kugeln einmal wenden. Lass die fertigen Haferlis ein oder zwei Tage an der Luft trocknen, bevor du sie verfütterst!

Das brauchst du:

4–5 Äpfel

400 g Haferflocken

APFEL-HONIG-KEKSE

Und so geht's:
Reibe die Brötchen und die Äpfel in eine Schüssel. Füge das Wasser und den Honig vorsichtig hinzu und rühr alles gut durch. Dann formst du aus dem Teig kleine Kekse und backst sie auf einem Backblech mit Backpapier ungefähr 30 bis 40 Minuten bei 180 Grad, bis sie hart sind. Nach ein bis zwei Tagen kannst du die Kekse verfüttern.

Das brauchst du:

4 Äpfel

3 getrocknete Brötchen (sie müssen ganz hart sein)

ca. 160 ml Wasser

2 Teelöffel Honig

MÖHREN-COOKIES

Und so geht's:

Zuerst lässt du dir von deinen Eltern den Ofen auf 175 Grad vorheizen. Dann reibst du die Möhren und den Apfel in eine große Schüssel und fügst das Sonnenblumenöl und die Melasse hinzu. Anschließend rührst du das Salz und den Hafer unter. Den fertigen Teig rollst du dann aus und stichst mit einem Plätzchenausstecher kleine Kekse aus. Diese legst du dann auf ein Backblech mit Backpapier und schiebst sie für 20 Minuten in den Ofen.

Das brauchst du:

2–3 Karotten
1 Apfel
2 Teelöffel Sonnenblumenöl
1/4 Tasse Melasse
1 Teelöffel Salz
2 Tassen gequetschten Hafer

FRÜCHTE-CRACKER

Und so geht's:

Gib alle Zutaten in eine Schüssel und verrühre sie zu einem Teig. Dann formst du walnussgroße Bällchen und backst sie bei 120 Grad ungefähr 35–45 Minuten auf der mittleren Schiene.

Das brauchst du:

375 g Apfelkompott mit Stückchen (ohne Zucker)
400 g Früchtemüsli
150 g Weizenkleie
50 g geschrotete Leinsamen

Alle Leckerlis müssen vor dem Verfüttern abgekühlt und gut getrocknet sein. Am besten lässt du sie ein bis zwei Tage liegen, bevor du dein Pony damit überraschst. Achtung: Selbstgemachte Leckerlis sind nur drei bis vier Tage haltbar. Back also nicht zu viele, denn sie sind und bleiben Leckereien für zwischendurch und sollten nur in Maßen verfüttert werden!

Gesundheit

Dein Pferd frisst nicht? Es steht lustlos herum oder lahmt? Unsere vierbeinigen Schützlinge können uns nicht sagen, was ihnen fehlt. Deshalb ist es wichtig, dass du dich mit der Pferdegesundheit bestens auskennst!

KRANKHEITEN – ANZEICHEN UND ERSTE HILFE

Hast du schon mal ein Pferd erlebt, das Bauchweh hat? Es wälzt sich unruhig hin und her, steht auf, legt sich wieder hin. Es schnuppert an seinem Bauch, scharrt oder stampft mit den Hufen. Es rührt seine sonst so geliebte Ration Hafer oder Möhren nicht an, knabbert nicht am Heu und säuft nicht. Das Pferd hat eine *Kolik*!

Jetzt musst du ganz schnell handeln! Ruf als Erstes einen Erwachsenen aus dem Stall. Er soll sofort einen Tierarzt anrufen. Die Telefonnummer muss immer an der Box oder am Sattelschrank hängen.

Beschreibt dem Tierarzt am Telefon, wie sich das Pferd verhält. Bleibt dabei ganz ruhig und beantwortet all seine Fragen. Dann befolgt ihr seine Anweisungen ganz genau und bleibt bei dem kranken Tier, bis der Tierarzt am Hof eintrifft.

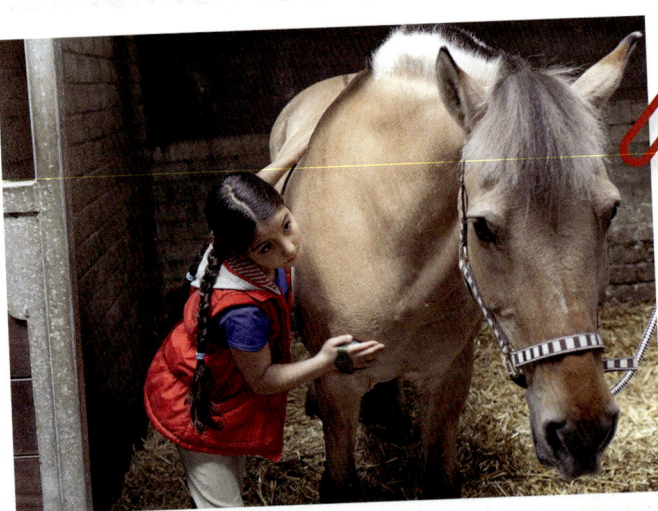

Beobachte beim täglichen Putzen dein Pferd genau und untersuche es auf Verletzungen oder Auffälligkeiten.

KRANKHEITEN UND WIE MAN IHNEN VORBEUGEN KANN

Wenn das Pferd krank oder verletzt ist, muss der Tierarzt kommen! Aber Vorbeugen ist besser als Heilen. Was du tun kannst, damit dein Pferd gesund bleibt:

- Achte darauf, dass es immer genug Heu und frisches Wasser hat. So kannst du verhindern, dass es zum Beispiel eine **Kolik** bekommt.
- Sorge dafür, dass dein Pferd immer viel Bewegung hat. Das kräftigt die **Muskulatur**, ist gut für seine **Atemwege** und trägt zu allgemeiner **Zufriedenheit** bei.
- Sorge immer für genügend Sozialkontakte. Pferde, die zu wenig mit anderen zusammen oder sogar ganz allein gehalten werden, sind **unzufrieden**, **traurig** und werden **psychisch krank**.
- Kontrolliere die Hufe täglich auf Steinchen. Wenn dein Pferd sich kleine Fremdkörper eintritt, kann es einen **Hufabszess** bekommen, bei dem es vor lauter Schmerzen gar nicht mehr auftreten kann.

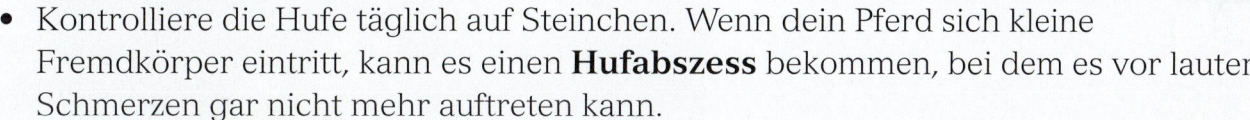

- Halte die Box oder den Offenstall immer trocken und sauber. Pferde, die viel im verschmutzten Stall auf nassem Stroh stehen, bekommen oft **Strahlfäule**. Das bedeutet, dass der Strahl bröckelig und faulig wird. Keine schöne Sache!
- Lass regelmäßig die Zähne von einem Pferdezahnarzt kontrollieren und behandeln. An den Pferdezähnen können sich mit der Zeit sogenannte **Haken** bilden, die beim Kauen stören und **offene Stellen im Maul** und somit Schmerzen verursachen. Das Pferd kann auf Dauer abmagern und beim Reiten unwillig werden.

- Füttere deinem Pferd ein geeignetes Mineralfutter, um **Mangelerscheinungen** vorzubeugen. Wenn du nicht weißt, welche Mineralien dein Pferd braucht, lass dich von einem Pferdeexperten beraten. Der Tierarzt kann ein Blutbild machen, das Aufschluss darüber gibt, welche Nährstoffe deinem Pferd fehlen.
- Weide dein Pferd im Frühling langsam an, nicht zu viel frisches Gras auf einmal füttern! Es kann sonst zu Koliken oder **Hufrehe** kommen.

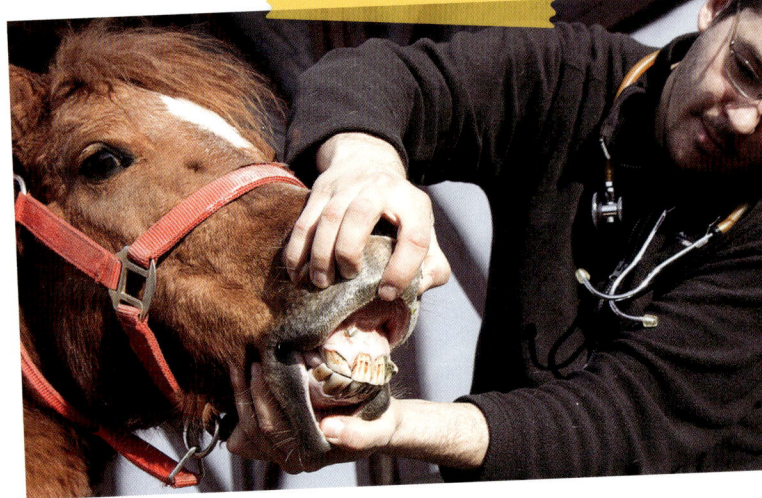

- Füttere nie zu große Mengen Kraftfutter auf einmal, manche Pferde fressen zu hastig und können dann eine **Schlundverstopfung** bekommen.
- Lass regelmäßig von einem Sattler kontrollieren, ob der Sattel noch passt. Andernfalls kann dein Pferd **Rückenschmerzen** und **Verspannungen** bekommen, die bis zur **Lahmheit** führen können.

IMPFEN

Pferde müssen auch regelmäßig geimpft werden. Unbedingt erforderlich ist die *Tetanus-Impfung*, die übrigens auch du dringend brauchst. Tetanus heißt „Wundstarrkrampf" und ist eine sehr gefährliche Infektionskrankheit. Der Erreger gelangt sogar über kleinste Wunden in den Organismus und führt zur Schädigung der Nervenzellen. Wenn du auf Turniere fahren möchtest, ist die Impfung gegen *Influenza* (Grippe) vorgeschrieben. Die Influenzaimpfung wird aber auch für Freizeitpferde empfohlen. Ob

du dein Pferd auch gegen *Herpes* und *Tollwut* impfen musst, kann dir der Tierarzt sagen. Lass dir von ihm einmal alles ganz genau erklären.

WURMKUR … EINE KUR FÜR WÜRMER?

Nein, natürlich eine Kur *gegen* Würmer! Die Parasiten siedeln sich im Magen-Darm-Trakt der Pferde an und vermehren sich dort. Eine gewisse Anzahl von Würmern, die im Innern eines Tiers „wohnen", ist normal. Damit die ungebetenen Gäste nicht überhandnehmen, gibt man den Pferden etwa drei bis vier Mal im Jahr ein Präparat, das den Würmern gar nicht „schmeckt": eine *Wurmkur*. Die Würmer werden so über den Kot ausgeschieden. Nun ist Stallhygiene angesagt: Alle Pferdeställe und Weiden müssen sehr gründlich sauber gemacht werden, damit die Pferde sich nicht sofort wieder infizieren.

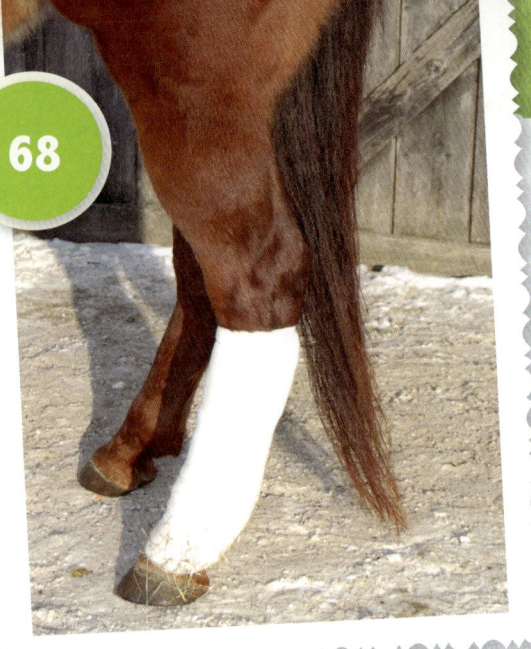

Unfallvorsorge und Stall-Apotheke

Rund ums Pferd gibt es einige wichtige Regeln, die man einhalten muss, damit nichts passiert. Weder du noch das Pferd sollen sich schließlich verletzen! Trotzdem lässt es sich leider kaum vermeiden, dass doch einmal etwas passiert.

SICHERHEIT FÜR MENSCH UND TIER

Die meisten Unfälle passieren nicht beim Reiten, sondern am Boden, beim täglichen Umgang mit dem Pferd. Wie du bereits gelernt hast, sind Pferde Fluchttiere. Der Mensch muss daher immer damit rechnen, dass sein vierbeiniger Freund einmal erschrickt und kopflos das Weite suchen möchte. Selbst das bravste Pferd kann sich losreißen, einen Satz zur Seite machen oder auch nur den Kopf schreckhaft herumschleudern und dich damit treffen.

Neulich ist mir Sternchen auf den Fuß getreten. Autsch! Sie ist vor einem Fahrrad erschrocken, das bei unserem Spaziergang auf den Feldern plötzlich von hinten an uns vorbeifuhr. Sternchen hat mir nicht mit Absicht wehgetan, aber mein Zeh ist immer noch blau!

WICHTIGE VERHALTENSREGELN

Damit der Erste-Hilfe-Kasten gar nicht erst gebraucht wird, sind folgende Regeln für die Sicherheit von Mensch und Pferd unbedingt einzuhalten:

- Nie das Pferd ohne Strick am Halfter führen! So können sehr schlimme Verletzungen passieren.
- Trag am besten immer Handschuhe!
- Wickle niemals den Strick um deine Hand oder lege ihn dir um den Hals!
- Tritt immer so an das Pferd heran, dass es dich vorher sehen kann.
- Mach keine hektischen Bewegungen, wenn du am Pferd stehst! Trag im Stall immer feste Schuhe und pass auf, dass du nicht zu dicht an den Pferdehufen stehst. Es tut richtig weh, wenn dir eine halbe Tonne auf den Zeh tritt!
- Verheddere dich nie im Strick oder in der Longe! Das Pferd könnte sich losreißen und dich mitziehen!
- Binde das Pferd niemals mit den Zügeln an! Anbinden darfst du es nur am Stallhalfter!
- Binde das Pferd nie zu lang und nie zu tief an.
- Lass das Pferd beim Führen nie direkt hinter dir gehen. Wenn es erschrickt, springt es sonst auf dich drauf oder rennt dich um.

Binde dein Pferd nie zu lang ...

... oder zu tief an!

FÜR DEN NOTFALL GERÜSTET

Beim täglichen Umgang mit Pferden bleibt es leider nicht aus, dass mal ein kleiner Unfall passiert. Es kann sein, dass dein Pferd erschrickt, sich losreißt und dir den Führstrick durch die Hand zieht. Gerade in hektischen Situationen kann es vorkommen, dass das Pferd dir auf den Fuß tritt. Deshalb solltet ihr im Stall unbedingt einen Verbandkasten für die Reiter haben und mindestens eine Person, die einen Erste-Hilfe-Kurs absolviert hat.

Was gehört in die Stall-Apotheke?

- ☑ digitales Fieberthermometer
- ☑ Verbandsmaterial
- ☑ Verbandsschere
- ☑ Einmal-Handschuhe
- ☑ Zeckenzange
- ☑ Pinzette
- ☑ Maulkorb

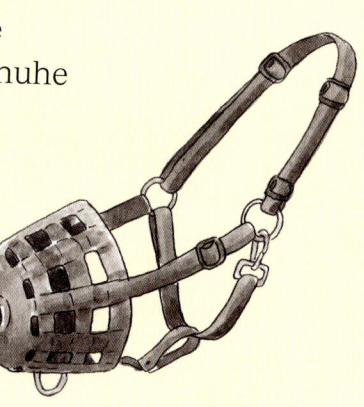

Maulkorb

Nasenbremse

- ☑ Nasenbremse
- ☑ Taschenlampe
- ☑ Klebeband
- ☑ Jodlösung/Wundspray
- ☑ Telefonnummern von Stallbesitzer, Schmied und Tierärzten/der nächsten Pferdeklinik samt Wegbeschreibung

PAT-Werte (Puls, Atmung, Temperatur)

Du hast zwar ein Fieberthermometer in deinem Sattelschrank, aber kennst gar nicht die Normaltemperatur deines Pferdes? Präge dir die folgenden Werte gut ein, damit du im Ernstfall beurteilen kannst, ob es deinem Pferd gut geht!

Normaltemperatur: *37,5 bis 38,2°C*

Puls: *28 bis 40 Schläge pro Minute*

Atmung: *8 bis 16 Atemzüge pro Minute*

FALLTRAINING

Auf den ersten Blick klingt es seltsam, aber immer mehr Reiter beziehen auch das Fallen in ihr Training ein. Wer gut fallen kann, dem passiert bei einem Sturz weniger. Außerdem gibt es noch zwei wichtige Regeln beim Fallen: Immer die Zügel loslassen und wenn möglich versuchen, weg vom Pferd zu rollen.

Ruhe bewahren!

Im Umgang mit Pferden sollte man immer ruhig und gelassen sein und niemals Hektik verbreiten. So passieren auch weniger Unfälle! Sollte doch einmal etwas passiert sein, gilt derselbe Grundsatz: Ruhe bewahren, Hektik vermeiden!

Es gibt auch spezielle Schutzwesten, die bei Stürzen deinen Rücken schützen. Lass dich zusammen mit deinen Eltern im Fachgeschäft genau beraten. So eine Weste muss genau passen, sonst schadet sie mehr, als sie nützt.

REITEN LERNEN UND MEHR

Bodenarbeit

Um mit deinem Pferd Spaß zu haben, musst du nicht auf seinem Rücken sitzen. Du kannst mit ihm auch spazieren gehen, es longieren, ihm kleine Zirkuslektionen beibringen oder einfach nur mit ihm über eine Wiese oder den Reitplatz rennen.

WANDERTAG!

Beim Spazierengehen sollte dein Pferd eine Trense im Maul haben. Jedes noch so brave Pferd kann sich einmal erschrecken und das kann im Gelände sehr gefährlich werden! Lass dir von deiner Reitlehrerin oder deinem Reitlehrer zeigen, welches die beste Ausrüstung zum Spazierengehen ist!

Bodenarbeit beginnt schon beim Führen aus der Box. Putzen, Trensen, Satteln – das alles gehört dazu!

Beim Aufhalftern oder Auftrensen soll das Pferd stillstehen und den Kopf nicht nach oben reißen.

LONGIEREN

Beim *Longieren* geht das Pferd an einer langen Leine, der *Longe,* auf einer Kreisbahn von ungefähr 16 Metern Durchmesser um dich herum. Jungen Pferden bringt man so zum Beispiel die Kommandos für *Schritt, Trab, Galopp* und *Halten* bei. Außerdem ist das Longieren eine gute Abwechslung zum Reiten. Frag mal dein Pferd! „Immer nur reiten? Gähn – nicht schon wieder!"

Junge Pferde werden am Boden ausgebildet, bevor man mit dem Anreiten beginnt.

Ausrüstung für die Bodenarbeit

- Halfter, Knotenhalfter, Kappzaum oder Trense
- Führstrick, Seil oder Longe
- Handschuhe
- Gerte oder Peitsche
- Leckerlis
- Geduld ☺

LOS GEHT'S: FÜHRTRAINING

Wann es losgeht, bestimmst du. Du stehst links neben dem Pferd, seine Nase ist ungefähr auf Höhe deiner Schulter. Wenn du losgehst, soll auch dein Pferd antreten. Tut es das nicht, berührst du es leicht mit der Gerte.

Niemals das Pferd ohne Strick direkt am Halfter führen! Wenn dein Pferd sich losreißt, kann das schlimme Handverletzungen nach sich ziehen!

ABSOLUTES ÜBERHOLVERBOT!

Dein Pferd darf dich auf keinen Fall überholen. Versucht es das doch, wendest du deinen Oberkörper zum Pferd und hebst die linke Hand an. Wenn es darauf nicht reagiert, bewegst du die Gerte oder das Strickende vor dem Pferdekopf auf und ab.

NICHT TRÖDELN!

Dein Pferd darf aber auch nicht hinter dir her trödeln und sich von dir ziehen lassen. Es soll sich deinem Tempo anpassen. Dazu gehört später auch, dass es antrabt, wenn du losläufst. Seine Reaktionen sollen so prompt kommen, dass der Strick nie auf Zug ist, sondern immer leicht durchhängt.

HALT HEISST HALT!

„Stopp!" – das ist eines der wichtigsten Kommandos im Umgang mit Pferden. Wenn du möchtest, dass dein Pferd stehen bleibt, muss es das auch unbedingt tun. Es darf nicht neben dir oder um dich herum tänzeln oder von alleine wieder loslaufen. Erinnerst du dich? Du bist der Chef. Wenn du stehen bleibst und „Halt" sagst, muss dein Pferd stehen! Tut es das brav, lobst und streichelst du es. Ist ja einfach, denkst du? Probiere es aus. Du wirst sehen, nicht jedem Pferd fällt das Stehenbleiben leicht!

Kein Kräftemessen!

Lass dich nie auf ein Kräftemessen mit dem Pferd ein. Der Vierbeiner wird immer als der Stärkere aus der Situation gehen und merkt sich das! Im schlimmsten Fall erreichst du damit, dass sich das Tier immer wieder mit dir anlegt – es hat gelernt, dass es stärker ist als du.

FÜHREN AUF DIE KOPPEL

Wenn du mit deinem Pferd am Boden gut gearbeitet hast, wird es dich auch auf dem Weg zur Koppel nicht überholen oder sich gar losreißen. Es geht brav neben dir her, bis du es auf die Weide entlässt, auch wenn es von seinen Kumpels sehnsüchtig angewiehert wird und das saftige Gras schon von Weitem lockt. Bei Pferden, die hier ungeduldig und ungehorsam sind, ist Konsequenz gefragt. Entlass das Pferd erst, wenn Du es in die Koppel geführt, das Tor geschlossen, dein Pferd etwas vom Zaun weggeführt und zum Gatter umgedreht hast. Bleibt es nun ruhig stehen, kannst du den Strick vom Halfter lösen. Jetzt darf dein Pony zu seinen Kumpels laufen.

RÜCK MIR NICHT AUF DIE PELLE!

Dein Pferd darf dich nicht anrempeln. Kommt es dir zu nahe, schickst du es mit freundlicher, aber bestimmter Körpersprache weg, indem du beispielsweise die Hand hebst. Reagiert es nicht, kannst du es mit der Gerte oder mit dem Strick leicht an der Brust oder an der Schulter antippen. Mit Pferden, die einfach weiterlaufen oder den Menschen bedrängen, muss man sehr konsequent sein und viel Führtraining machen. Freche und respektlose Tiere sollte man in die Hände eines erfahrenen Pferdeprofis geben. Sie müssen lernen, sich unterzuordnen.

PFERDEGERECHTER UMGANG

Ein *Horseman* (Pferdemensch) ist jemand, der Pferde ganz genau beobachtet und ihre Körpersprache zu deuten gelernt hat, um besser mit ihnen kommunizieren zu können. Auf diese Weise kann er die Sprache der Pferde selbst anwenden und die Führungsposition eines ranghöheren Pferdes einnehmen. Das Erfolgsrezept daran: Nicht das Pferd muss die vom Menschen gemachten Signale erlernen, sondern andersherum.

SPEZIAL

Klickertraining mit Pferden

Klickertraining ist eine tolle Methode, um dem Pferd kleine Tricks am Boden beizubringen.

WAS KLICKT DENN DA?

Ein *Klicker* ist ein kleines Gerät, das klickt, wenn du draufdrückst. Damit werden übrigens nicht nur Pferde, sondern vor allem Hunde, aber auch Katzen und sogar Delfine trainiert!

UND SO FUNKTIONIERT ES

Zunächst muss man dem Pferd beibringen, dass das Klickgeräusch etwas ganz Tolles ist. Es muss das Klickgeräusch lieben lernen. Wie man das erreicht? Na klar, durch Futterlob. Jedes Mal, wenn das Pferd etwas gut macht, klickst du, und gibst deinem Vierbeiner gleichzeitig ein Leckerli oder ein kleines Stück Karotte. Das muss aber wirklich genau gleichzeitig passieren. Irgendwann weiß das Pferd, „Klick" bedeutet Belohnung. Diese Art der Gewöhnung nennt man *Konditionierung*.

SO GEHST DU VOR

Nimm das Leckerli am besten schon vorher in die Hand, aber so, dass dein Pferd es nicht bemerkt! In der anderen Hand hast du den Klicker. Übe das Klickern vorher ohne dein Pferd, damit du wirklich im richtigen Moment ein Klickgeräusch erzeugen kannst. Nun verlangst du eine ganz einfache Übung von deinem Pferd, die es gut kann. Übt es sie zufriedenstellend aus, klickerst du sofort und gibst gleichzeitig das Leckerli.

Ohne Klick kein Keks!

Es ist wichtig für die Konditionierung deines Pferdes, dass du beim Üben nie ein Leckerli gibst, ohne dabei zu klickern!

UND DANN?

Der nächste Schritt: Wenn dein Pferd nach längerer Übungszeit verstanden hat, dass das Klick-geräusch Lob bedeutet, lässt du nach und nach die Leckerlis weg und klickerst nur noch. Dein Pferd ist jetzt auf das Klick-Ge-räusch konditioniert, das heißt, es verbindet mit dem Klick et-was Positives.

 **Tipp**

Mach die Klicker-Übungen am besten mit einem satten Pferd. Es könnte sonst zu gie-rig sein und vor lauter Hunger so auf die Leckerlis fixiert sein, dass die notwen-dige Konzentration darunter leidet.

SCHWARZ-WEISS-DENKER

Pferde sind Schwarz-Weiß-Denker. Für sie gibt es nur „richtig" oder „falsch", „ja" oder „nein", „jetzt" oder „nie". Des-halb nehmen sie das Training mit dem Klicker so gut an. Der Klicker sagt nicht: „Na ja, war ganz ok, aber beim nächsten Mal machen wir das besser." Er wird nicht wütend oder unsicher. Er sagt ein-fach nur „Klick" oder nicht „Klick". Das hilft Pferden beim Lernen sehr.

Halftern, Trensen und Satteln

Weißt du, wie man dem Pferd ein Halfter anzieht?
Und kannst du ein Pferd trensen und satteln?

AUFHALFTERN

Bevor es ans Reiten geht, holst du dein Pferd aus der Box oder von der Weide.
Dazu legst du ihm als Erstes ein Stallhalfter an. Nimm das Halfter dazu in die rechte
Hand und stell dich auf die linke Seite des Pferdehalses. Nun führst du das Halfter
unter dem Hals deines Pferdes hindurch und ziehst es dem Pferd mit der unteren
Öffnung über die Nase. Dann legst du den oberen Teil des Halfters mit beiden Händen über den Pferdekopf und ziehst das Genickstück hinter die Ohren. Nun musst
du nur noch den Karabinerhaken an der linken Backe schließen. Den Führstrick
klinkst du in den mittleren Ring unten am Nasenteil des Halfters ein.

Zauberknoten?

*Ein sicherer Knoten zum Anbinden
von Pferden hält dem Zug vom Pferd
stand, lässt sich aber im Notfall lösen,
wenn du fest genug daran ziehst! Ist
das Zauberei?*

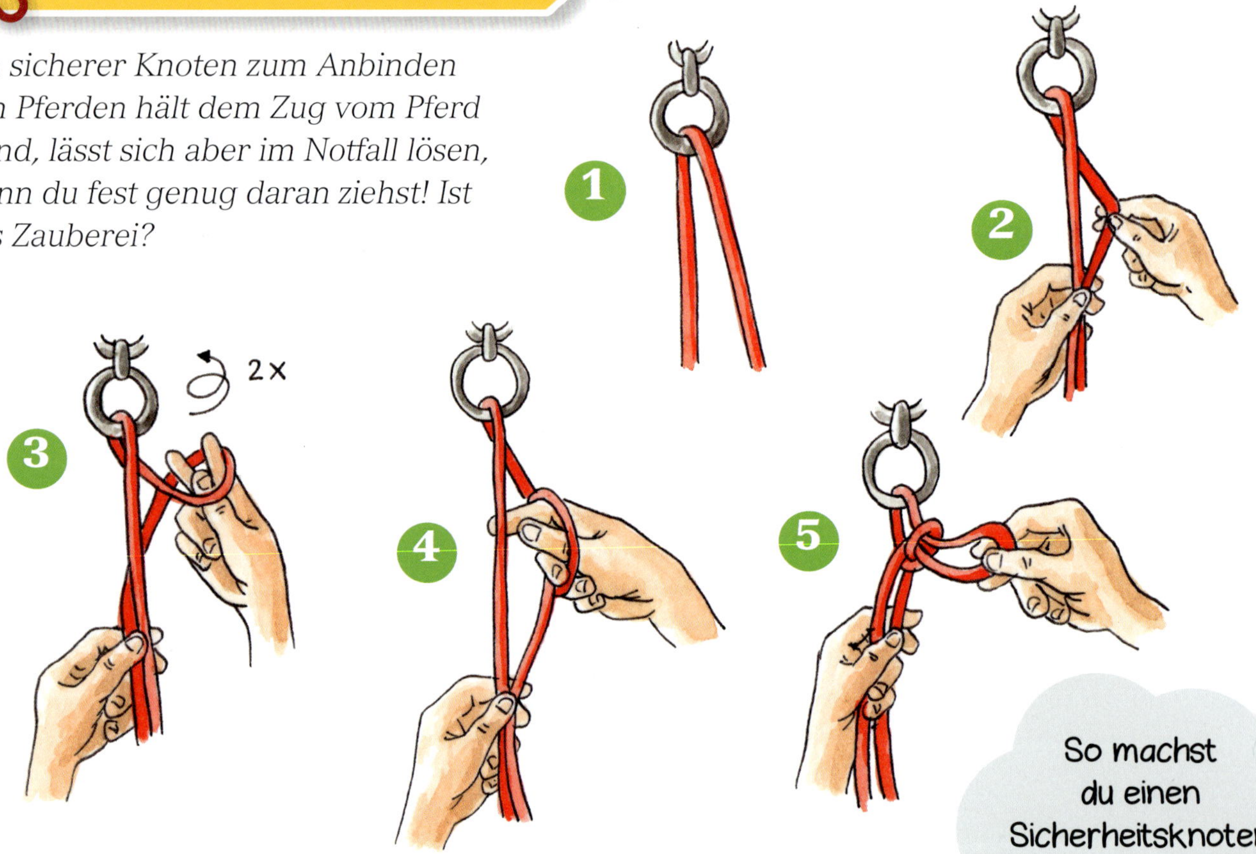

1

2

3   2 x

4

5

So machst
du einen
Sicherheitsknoten

So liegt der Sattel richtig.

SATTELN

Zum Satteln schwingst du den Sattel über den *Widerrist* und legst ihn sanft aufs Pferd. Nun ziehst du ihn nach hinten, bis er an der richtigen Stelle – knapp hinter dem Widerrist – liegt. Das kann dir deine Reitlehrerin oder dein Reitlehrer zeigen. Indem du den Sattel vom Widerrist nach hinten in die Sattellage ziehst, verhinderst du, dass das Fell unter dem Sattel entgegen der *Wuchsrichtung* liegt. Das ist wichtig, um *Satteldruck* zu vermeiden.

GURTEN

Wenn der Sattel in der korrekten Position liegt, gehst du auf die andere Seite deines Pferdes und überprüfst, ob auch dort alles richtig liegt. Als Nächstes nimmst du den Sattelgurt und lässt ihn an der rechten Seite des Pferdebauchs herunterhängen. Nun gehst du wieder auf die linke Seite und nimmst den Sattelgurt unter dem Bauch in die rechte Hand. Mit der linken Hand hältst du das Sattelblatt nach oben, sodass du die Gurtstrippen sehen kannst. Nimm die erste Strippe in die linke Hand und gurte erst nur locker an. Ein Englischsattel hat drei Strippen, der Sattelgurt zwei Schnallen. Es werden immer zwei Strippen festgegurtet. Gurte nun die zweite Strippe so fest, dass der Sattel nicht vom Pferd rutschen kann. Vor dem Aufsteigen ziehst du den Sattelgurt dann fester, damit der Sattel beim Aufsitzen nicht verrutscht.

Richtiges Gurten

Satteldruck

Ein unpassender oder falsch aufgelegter Sattel verursacht dem Pferd Schmerzen. An den Stellen, wo der Sattel drückt, weil er zu eng oder zu weit ist, entwickelt das Pferd einen Satteldruck. Das ist eine ernst zu nehmende, schmerzhafte Verletzung. Weist ein Pferd Schwellungen oder offene Stellen auf, darf das Pferd nicht mehr geritten werden, bis die Verletzungen ausgeheilt sind. Außerdem muss ein Sattler kommen, um den Sattel dem Pferd genau anzupassen.

WESTERNPFERDE SATTELN

Dass Westernsättel etwas anders aussehen, weißt du ja schon. Auch beim Satteln gibt es hier ein paar Unterschiede zu beachten. Das Westernpad wird zuerst ohne Sattel weit vorn auf den Rücken gelegt. Dann legt man den Sattel vorsichtig darauf und zieht alles nach hinten, bis der Sattel mit dem Pad in der Sattellage liegt. Westernsättel werden auch anders gegurtet.
So sieht die Gurtung bei Westernsätteln aus:

Westernzaum

AUFTRENSEN

Um das Pferd aufzutrensen, stellst du dich genau wie beim Halftern links neben den Pferdehals. Das Halfter nimmst du ab, ziehst es aber über den Hals, sodass du das Pferd daran festhalten kannst, falls es beschließt, einfach loszulaufen. Nun nimmst du das Mundstück der Trense in deine linke Hand und das Lederzeug in die rechte. Mit der rechten Hand befindest du dich auf der rechten Seite des Pferdekopfes und das Mundstück schiebst du dem Pferd mit der linken Hand von unten ins Maul, ohne dabei gegen die Zähne zu schlagen. Wenn das Mundstück richtig im Pferdemaul liegt, ziehst du vorsichtig das Lederzeug über den Kopf und das Genickstück hinter die Ohren. Nun schließt du den Kehlriemen an der linken Pferdekopfseite und anschließend den Nasenriemen.

Faustregeln beim Auftrensen

Damit die Trense weder zu fest noch zu locker am Pferdekopf liegt, gibt es ein paar wichtige Regeln zu beachten.

Stirnriemen

Nasenriemen

Sperrriemen

Kehlriemen

Eine Handbreit sollte zwischen dem Kehlriemen und der Kehle des Pferdes Platz haben. Der Nasenriemen liegt etwa zwei Fingerbreit unter dem Jochbein und darf auf keinen Fall zu tief sitzen, weil er sonst die Atmung des Pferdes behindert.

Der Sperrriemen darf nicht zu eng verschnallt sein! Es reicht, wenn er gerade eng genug sitzt, dass er nicht verrutscht. Er darf die Pferdenase nicht einengen!

Nie das Zaumzeug zu eng verschnallen! Hast du schon mal versucht, mit einer Nasenklammer Sport zu treiben?

Mund auf!

Macht das Pferd das Maul nicht auf, gibt es einen Trick: Schiebe deinen linken Daumen ganz außen in die linke Maulspalte des Pferdes. Dort hat das Pferd keine Zähne. Durch den Druck auf die Laden öffnet es das Maul und du kannst das Gebiss hineinschieben.

Auf- und Absitzen

Wer noch nie auf einem Pferd ge-
sessen ist, hat es gar nicht so leicht,
sich in den Sattel zu schwingen …

STEIGBÜGEL

Die Steigbügel geben dir mehr Halt
im Sattel, sie helfen aber auch – wie
der Name schon sagt – beim Aufsteigen. Bestimmt musstest du im Reitunterricht auch schon einmal ohne
Bügel reiten. Dabei kannst du deinen
Sitz überprüfen. Eine besonders an-
strengende Übung ist das Leichttraben ohne Steigbügel.

DIE RICHTIGE STEIGBÜGELLÄNGE

Um die richtige Steigbügellänge he-
rauszufinden, stellst du dich neben
dein Pferd und ziehst den *Steigbügelriemen* mit der linken Hand heraus. Mit
der rechten Hand fasst du den Steigbügelriemen ganz oben. Den Bügel hältst
du mit der linken Hand unter deine
rechte Achsel. Wenn du nun den rechten Arm gerade durchdrückst, soll der
Steigbügelriemen nicht durchhängen.
Dann stimmt die Länge. Trotzdem solltest du nach dem Aufsitzen noch einmal
die Steigbügellänge überprüfen. Jemand
kann dir dann von unten helfen, die Bügellänge noch um ein oder zwei Loch zu
verstellen.

Aufsteighilfe, wozu …?

*Um den Pferderücken zu entlasten, be-
nutzt man eine Aufsteighilfe, zum Beispiel einen kleinen stabilen Hocker.*

Aus der Reitersprache

Kennst du die Redewendung „etwas aus dem
Stegreif tun"? Das Wort „Stegreif" ist ein ver-
alteter Begriff für „Steigbügel". Es bedeutete
früher, dass man etwas ohne lang zu überle-
gen – nämlich ohne vom Pferd zu steigen – tat.
Die Wendung hat sich bis heute gehalten, aber
die wenigsten Leute sitzen heute noch auf dem
Pferd, wenn sie etwas aus dem Stegreif tun …

NACHGURTEN NICHT VERGESSEN

Bevor du aufsteigst, musst du den Sattelgurt noch einmal festziehen, damit der Sattel beim Aufsteigen nicht verrutscht. Beim Englischreiten gurtet man nach ein paar Schrittrunden noch einmal nach. Am Anfang brauchst du dazu Hilfe von jemandem am Boden. Aber mit etwas Übung kannst du das auch vom Sattel aus.

Nachgurten

WIE AUFSTEIGEN?

Man steigt immer in der Bahnmitte auf und ab, am besten in der Mitte eines Zirkels, wo man die anderen Reiter nicht stört. Du stellst dich auf die linke Seite des Pferdes mit dem Gesicht zum Widerrist und nimmst die Zügel in die linke Hand. Damit stützt du dich am Widerrist ab. Mit der rechten Hand hältst du das *Hinterzwiesel* (oder beim Westernsattel das *Cantle*) des Sattels fest. Nun stellst du deinen linken Fuß in den linken Bügel und ziehst dich mit Schwung hinauf. Nicht die Fußspitze in den Pferdebauch drücken, das könnte das Pferd als Aufforderung zum Losgehen verstehen. Das rechte Bein schwingst du so über den Pferderücken, dass du nicht mit dem Fuß die Kruppe berührst. Dann lässt du dich vorsichtig in den Sattel gleiten, sortierst deine Zügel und überprüfst die Bügellänge.

Ab und zu kannst du auch von rechts aufsteigen, um dein Pferd nicht zu einseitig zu belasten.

SICHER ABSTEIGEN

Zum Absteigen aus dem Englischsattel nimmst du beide Füße aus den Steigbügeln und schwingst das rechte Bein über die Kruppe nach links. Dann lässt du dich vorsichtig am Pferd heruntergleiten. Achte vorm Absteigen darauf, dass du mit deinem Pferd niemandem im Weg stehst und dass dein Pferd wirklich brav steht. Die Westernreiter lassen den linken Fuß im Bügel, bis sie mit dem rechten Bein auf dem Boden stehen.

Der richtige Sitz

Gangarten

Ein Pferd kann sich in den Gangarten *Schritt*, *Trab* und *Galopp* fortbewegen. Gangpferde haben häufig zusätzliche Gangarten: den *Pass* und den *Tölt*.

SCHRITT

Wenn du reiten lernst, beginnst du zunächst an der *Longe* im Schritt. Dein Reitlehrer erklärt dir, wie du dich auf dem Rücken ausbalancierst und mit den Bewegungen deines Pferdes mitgehst. Der Schritt ist ein *Viertakt*. Die vier Füße des Pferdes fußen nacheinander so auf:

TRAB

Wenn du dich im Schritt auf dem Pferderücken sicher fühlst, werdet ihr langsam mit dem Traben beginnen. Der Trab ist ein *Zweitakt*. Die Füße deines Pferdes fußen so auf:

Jog

Westernpferde haben neben dem normalen Trab (Trot) auch noch den langsameren Jog. Beim Jog ist die Schwebephase verkürzt, wodurch der Rücken weniger Bewegung hat. Auf diese Weise kann der Reiter bequemer sitzen.

Auf der Weide bewegen sich Pferde größtenteils im Schritt von Grasbüschel zu Grasbüschel. Wenn dein Pferd dir auf der Weide entgegenkommt, kannst du dich glücklich schätzen! Es mag dich und freut sich über deinen Besuch.

3 + 2 = 5

Ein Pferd, das neben den drei *Grundgangarten* Schritt, Trab und Galopp noch *Pass* und *Tölt* beherrscht, nennt man *Fünfgänger* – es kann sich in fünf Gangarten fortbewegen. Solche sogenannten *Gangpferde* sind zum Beispiel *Isländer*, *Töltende Traber* oder das *American Saddlebred*.

AUSSITZEN

Im Trab kann man *aussitzen* oder *leichttraben*. Beim Aussitzen bleibst du im Sattel sitzen und gehst locker mit den Bewegungen des Pferdes mit. Es dauert eine Weile, bis du das richtige Gefühl dafür hast. Setze dich hierfür tief in den Sattel, spann deinen Bauch leicht an und bleib möglichst locker in der Hüfte.

LEICHTTRABEN

Beim Leichttraben sitzt du ein, wenn das innere Vorderbein nach vorn schwingt. Ist das äußere Pferdebein vorne, stehst du ein kleines Stück vom Sattel auf. Keine Sorge, das klingt kompliziert, aber das Pferd wird dir mit seiner natürlichen Schwingbewegung Hilfestellung geben und das Aufstehen und Einsitzen kommt mit etwas Übung fast von ganz allein!

Wieso heißt das eigentlich „leichttraben"? Also ich fand das am Anfang gar nicht leicht!

JUHU, WIR GALOPPIEREN!

Die schnellste Gangart des Pferdes und das schönste Erlebnis überhaupt beim Reiten: der Galopp. Du spürst die Kraft und den Schwung des Pferdes unter dir, und wenn du den Dreh einmal raus hast, schwingst du einfach mit – das ist schöner als Fliegen! Die Fußfolge im Linksgalopp sieht so aus:

Reiten in der Bahn

Im Reitunterricht wird nicht stur immer geradeaus geritten. Das wäre für Pferd und Reiter langweilig. Die eigentliche Kunst besteht darin, das Pferd auf gebogenen Linien, Schlangenlinien und in Richtungswechseln zu reiten.

BAHNPUNKTE

Wenn du in der Bahn reitest, gibt dein Reitlehrer dir Anweisungen, was du tun sollst: nämlich *Bahnfiguren* reiten. Wenn er dir zuruft: „Durch die Länge der Bahn wechseln", musst du von A nach C reiten – oder umgekehrt. Möchte er einen „Wechsel durch die ganze Bahn", reitest du auf der rechten Hand von K nach M beziehungsweise von M nach K und auf der linken Hand von H nach F oder von F nach H. Beide Bahnfiguren beinhalten einen *Handwechsel*. Das heißt, wenn du vorher linksherum geritten bist, reitest du nach Beenden der Bahnfigur rechtsherum weiter.

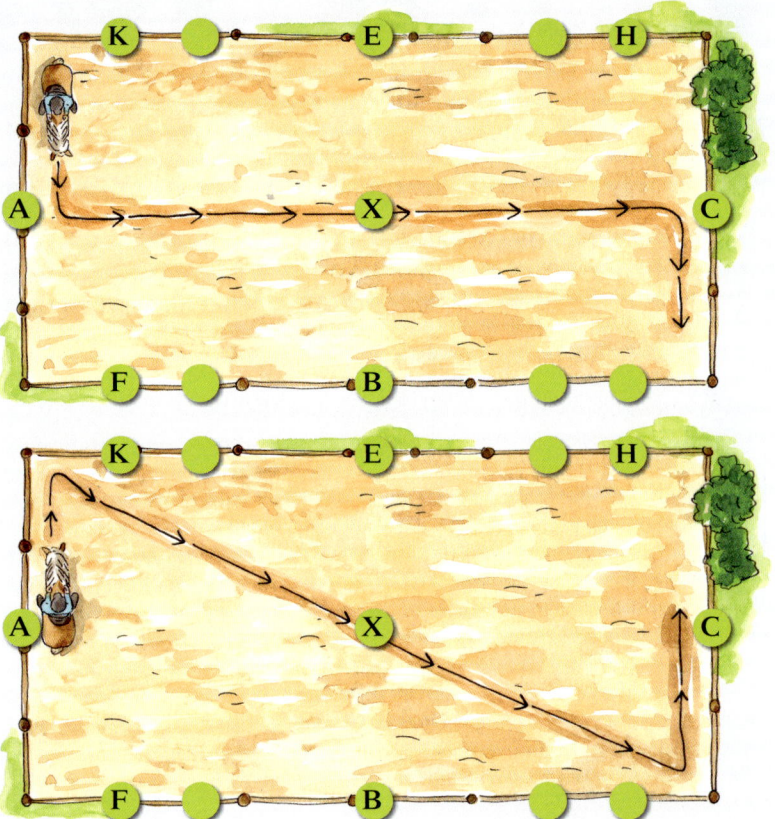

ALLE KÜHE ESSEN HEU ...

Wie bitte? Alle Kühe tun was? Ach so! Das ist der Merksatz (mit einem kleinen Rechtschreibfehler), mit dem man sich die Reihenfolge der Bahnpunkte besser merken kann:
Alle **K**ühe **E**ssen **H**eu **C**älber **M**ögen **B**esseres **F**utter
Ein anderer Merksatz ist:
Mein **B**ester **F**reund **A**nton **K**ann **E**inen **H**eben, **C**heerio!

Du findest beide Merksätze nicht so toll?
Dann denk dir doch deinen eigenen aus!

A___ K___ E___ H___ C___ M___ B___ F____

Hufschlag

Die Spur, auf der das Pferd an der Bande entlanggeht, heißt Hufschlag. *Direkt neben der Bande verläuft der erste Hufschlag. Weiter innen ist der zweite Hufschlag und so weiter.*

BAHNFIGUREN

Für deine ersten Reitstunden ist es hilfreich, wenn du die Bahnfiguren kennst. Hier sind einige zum Einprägen:

Ganze Bahn: Du reitest auf dem ersten Hufschlag an der *Bande* entlang. Schwieriger ist es, auf dem zweiten oder dritten Hufschlag zu reiten, weil dein Pferd sich nicht mehr an der Bande „anlehnen" kann und du es mit deinen Hilfen besser begrenzen und exakter lenken musst.

Zirkel: Ein *Zirkel* ist rund, kein Ei! Ach so, das weißt du? Na, dann versuch's mal. Einen schönen, gleichmäßig runden Zirkel zu reiten, ist alles andere als einfach!

Aus dem Zirkel wechseln: Zwischen zwei Zirkeln liegt der Punkt X. Kurz bevor du auf dem Rechtszirkel bei X ankommst, drehst du deinen Oberkörper leicht nach links. Gleichzeitig stellst du dein Pferd mit den Zügeln in die neue Bewegungsrichtung. Die rechte, also neue äußere Wade liegt verwahrend, etwa eine Handbreit hinter dem Sattelgurt. So reitest du nun auf den Linkszirkel. Diese Bahnfigur beinhaltet einen Handwechsel. Wenn du mit *Gerte* reitest, nimmst du diese nach dem Wechsel von rechts nach links in die neue innere, in diesem Fall linke Hand.

Vorfahrt beachten!

Wie im Straßenverkehr müssen in der Reitbahn Regeln eingehalten werden. Wenn du auf der linken Hand *reitest, also die Bahnmitte zu deiner Linken liegt, hast du Vorfahrt. Wenn du aber Schritt reitest, musst du trotzdem allen schnelleren Reitern ausweichen! Außerdem gilt: Ganze Bahn vor Zirkel.*

Dressurreiten

Kraftvoll schwebt das Pferd über das Viereck. Der Reiter sitzt elegant im Sattel und beide verschmelzen zu einer Einheit ... Das Dressurreiten hat eine ganz besondere Faszination. Aber was so leichtfüßig aussieht, bedarf viel Übung und Disziplin.

DRESSUR – WAS IST DAS?

Was bedeutet „Dressur" eigentlich genau? Das Pferd soll bestimmte Lektionen ausführen, für die der Reiter ihm die entsprechenden *Reiterhilfen* mit seinem Gewicht, seinen Beinen, dem Zügel und nicht zuletzt seiner Stimme gibt.

VON DER ERSTEN REITSTUNDE ...

Nach vielen *Longenstunden* reitest du nun schon selbstständig *Bahnfiguren* in den verschiedenen *Gangarten*. Das ist Gymnastik für das Pferd. Typische *Dressur-Lektionen* sind zum Beispiel das *Anhalten*, das *Rückwärtsrichten* oder die *Kehrtwendung*.

... BIS ZUR HOHEN SCHULE

Ihre Ursprünge hat die *Klassische Dressur* wahrscheinlich im antiken Griechenland. Der Reitmeister *Xenophon* lebte ca. 400 Jahre v. Chr. und zählt zu den Begründern der Klassischen Reitkunst. Zur Hohen Reitkunst gehören Lektionen wie die *Passage*, die *Piaffe*, die *Levade* und die *Kapriole*.

Reitersitz

Du sitzt locker und aufrecht im Sattel. Deine Absätze sind tief, dadurch wirken deine Beine lang. Stell dir eine lotrechte Linie vor, die von deinem Ohr über deine Schulter und deinen Hüftknochen bis zu deinen Absätzen verläuft. Ganz wichtig dabei ist, dass du dich nicht verkrampfst.

Zügelhaltung

Die Zügel hältst du wie in der Abbildung mit beiden Händen. Die Lederriemen verlaufen jeweils vom Pferdemaul zwischen deinem kleinen und dem Ringfinger sowie zwischen deinem Daumen und Zeigefinger hindurch.

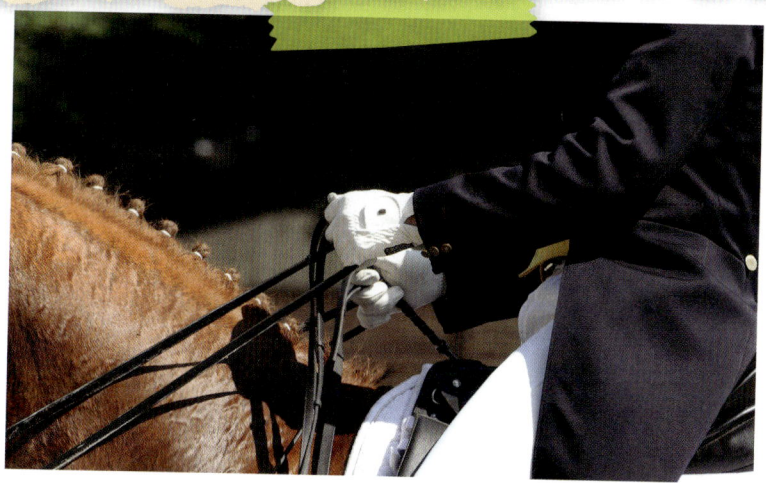

LOSREITEN ...

Du spannst deine Gesäßmuskeln an und schiebst dein Becken leicht nach vorn. Reagiert das Pferd nicht, übst du zusätzlich mit beiden Beinen etwas Druck am Pferdebauch aus.

... UND ANHALTEN

Zum Anhalten machst du das Pferd zunächst mit den Zügelhilfen aufmerksam. Nimm hierzu einen Zügel leicht auf: Das nennt man „halbe Parade". Mit einer „ganzen Parade" bringt man das Pferd zum Anhalten. Dabei darfst du keinesfalls am Zügel ziehen, sondern bringst dein Pferd mit Gewichts- und Stimmhilfen zum Anhalten. Hierfür ziehst du den Bauch ein und kippst so mit dem Becken ab. Nimm die Zügel außerdem minimal nach oben und gib dem Pferd leise die Stimmhilfe zum Anhalten. Daraufhin sollte dein Pferd immer langsamer werden und schließlich zum Halten kommen. Sobald das Pferd steht, gibst du mit der Zügelhand leicht nach, ohne aber den Kontakt zum Pferdemaul zu verlieren.

ÜBUNG MACHT DEN MEISTER

Reiten lernen kannst du natürlich nicht allein mit einem Buch. Lass dir alles in deinen Reitstunden ganz genau erklären und vormachen und frag deine Reitlehrerin oder deinen Reitlehrer, wenn du etwas nicht genau verstehst. Nur durch Ausprobieren und Üben im Unterricht kannst du wirklich reiten lernen und besser werden.

Springreiten

Reiten ist schöner als fliegen! Hast du schon mal bei einem Springturnier zugesehen? Oder bist du in der Reitschule vielleicht sogar schon selbst über Cavaletti oder ein kleines Kreuz gesprungen? Springreiten gehört zu den spannendsten Sportarten!

DIE ERSTEN SPRINGVERSUCHE

Wenn du gut ausbalanciert im Sattel sitzt und dich in allen Gangarten sicher fühlst, kannst du ans Springen denken. Am Anfang wirst du nur üben, im Galopp eine am Boden liegende Stange gerade und mittig im *leichten Sitz* anzureiten. Du und dein Pferd müssen lernen, den Abstand zu den Hindernissen richtig einzuschätzen, sodass ihr im richtigen Moment den Absprung schafft.

Beim leichten Sitz gehst du mit dem Po leicht aus dem Sattel und verlagerst dein Gewicht in die Bügel. Das solltest du vor deinem ersten Sprung erst üben, bis du dich ganz sicher fühlst.

Aller Anfang ist ... niedrig

Später übst du dann mit Cavaletti. Das sind Stangen, die zwischen 15 und 50 cm hoch eingestellt werden können. Dein Reitlehrer wird dann nach und nach die Sprünge höherstellen.

ÜBER ALLE HINDERNISSE ...

Für deinen ersten richtigen Sprung eignet sich am besten ein kleines Kreuz. Es gibt beim Springreiten aber viele verschiedene Hindernisse. Kennst du sie alle?

AUSRÜSTUNG

Der Springsattel sieht ein bisschen anders aus als der Dressur- oder Vielseitigkeitssattel. Die Pauschen geben dem Bein mehr Halt, wenn dein Pferd sich über dem Sprung befindet. Außerdem sind die Sattelblätter kürzer und die Bügel werden zum Springreiten kürzer geschnallt. So hast du mehr Sicherheit im Sattel.

FREISPRINGEN

Zum Training und zur Abwechslung kann man Pferde auch alleine über Hindernisse springen lassen. Dazu baut man eine Sprunggasse auf, wobei die Sprünge so an der langen Seite der Reithalle angeordnet werden, dass das Pferd vor und nach den Sprüngen genügend Platz hat. An der offenen Seite, also der Seite zur Bahnmitte hin, verhindert ein Absperrband, dass das Pferd seitlich ausbrechen kann.

QUIZ

Hoch hinaus!

Der höchste Sprung, der jemals mit einem Pferd bewältigt wurde, liegt über 100 Jahre zurück! Der Rekord des kanadischen Springpferdetrainers Richard „Dick" Donnelly *konnte seit 1902 nicht gebrochen werden. Weißt du, wie hoch das Hindernis war, über das er mit der Vollblutstute* Heatherbloom *sprang?*

a) 2,10 m   b) 1,97 m   c) 2,50 m

Hans Günter Winkler auf Halla

Lösung: 2,50 m

HALLA

Hast du schon von der „Wunderstute" *Halla* gehört? 1954 und 1955 holte der deutsche Springreiter Hans Günter Winkler mit ihr den Weltmeistertitel im Springreiten. Bei den Olympischen Sommerspielen in Stockholm 1956 verletzte sich der Springreiter im ersten Umlauf so sehr, dass er sich nur unter größten Schmerzen auf dem Pferd halten konnte. Halla nahm im zweiten Umlauf alle Hindernisse des äußerst schweren Parcours fast ohne Winklers Hilfe und beendete ihn mit einem Null-Fehler-Ritt. Das war wie ein Wunder! Und bedeutete die Goldmedaille für Hans Günter Winkler und seine Stute Halla sowie für die Mannschaft.

Westernreiten

Er wird immer kleiner am Horizont, seine Umrisse zittern in der heißen Luft, Staubwolken säumen seinen Weg: Der einsame Cowboy galoppiert rasend schnell und doch ganz entspannt auf seinem Pferd in den Sonnenuntergang. Mit der einen Hand hält er die Zügel, mit der anderen seinen Hut fest. Yee-haw! Das ist der Wilde Westen!

DIE ARBEITSREITWEISE DER KALIFORNISCHEN UND MEXIKANISCHEN KUHHIRTEN

Amerika – das riesengroße Land mit seinen schier unendlichen Weiten. Vor 150 Jahren kümmerten sich hier die „Cowboys" (Kuhhirten) vom Pferderücken aus um ihr Land und ihre Rinder – und tun es teilweise noch heute. Weil der Cowboy bei seiner Arbeit oft die zweite Hand brauchte, um Gatter zu öffnen, sein Lasso zu schwingen oder ein zweites Pferd mitzuführen, hält man beim Westernreiten die Zügel oft in einer Hand.

LET'S JOG!

Der langsame und sehr bequeme Trab der Cowboy-Pferde heißt *Jog*. Er ermöglicht es, über den Tag hinweg weite Strecken zurückzulegen, ohne dass Pferd und Reiter zu schnell ermüden.

AUSRÜSTUNG

Die Ausrüstung beim Westernreiten sieht ein bisschen anders aus. Der Sattel ist breiter und schwerer als ein Englischsattel. Der Westernsattel hat ein Horn, an dem der Cowboy sein Lasso befestigt, breitere Steigbügelriemen („Fender") und Steigbügel. Die Reiter tragen Westernhut, Westernstiefel und Jeans.

Westernsattel

Westernpferde

Es gibt drei verschiedene Westernpferderassen: das American Quarter Horse, das American Paint Horse (das ist ein meist geschecktes Quarter Horse) und den Appaloosa. Aber auch viele andere Pferderassen sind für das Westernreiten geeignet. Das ideale Westernpferd ist nervenstark, vielseitig, ausdauernd und gut bemuskelt.

| Paint Horse | Appaloosa | Quarter Horse |

WESTERNREITEN LERNEN

Wenn du Westernreiten lernen möchtest, such dir einen Stall, an dem es einen Westerntrainer gibt. Dort wirst du Schritt für Schritt an die Reitweise herangeführt. Für deine erste Westernreitstunde brauchst du nur feste Schuhe oder Stiefel mit einem Absatz, eine gut sitzende Jeans oder Reithose, ein bequemes Oberteil und einen Helm.

Eine Viertelmeile voraus!

Das *Quarter Horse hat seinen Namen von den sogenannten Quarter Mile Races („Viertelmeilen-Rennen"), die auf den Dorfstraßen von Virginia und Carolina im 17. Jahrhundert regelmäßig stattfanden. Solche Rennen gibt es noch heute, auch wenn das Quarter Horse heutzutage hauptsächlich als Freizeit-, Familien- und Turnierpferd eingesetzt wird.*

Sliding Stop – ein spektakulärer Stopp aus dem schnellen Galopp

Einige Western-Disziplinen

Cutting: *Aussortieren eines Rindes aus seiner Herde*
Reining: *Reiten von Galoppzirkeln, rasanten Drehungen (Spins) und Stops*
Trail: *Durchreiten eines Parcours mit Stangen, Pylonen, Tor, Brücke etc.*

Voltigieren

Bis jetzt wusstest du, dass man mit einem Pferd am Boden arbeiten oder es reiten kann. Aber Turnen auf dem Pferd? Ja, auch das gibt es!

AKROBATEN AUF DEM PFERD

Beim *Voltigieren* wird auf dem Pferd geturnt. Das Pferd läuft an einer Longe im Kreis im Schritt, Trab und Galopp. Dabei turnen immer ein bis drei Voltigierer auf dem Pferd. In der Mitte steht der Longenführer mit einer Longierpeitsche.

AUSRÜSTUNG DES PFERDES

Beim Voltigieren trägt das Pferd einen *Voltigiergurt*, an dem zwei Handgriffe und mehrere Schlaufen befestigt sind. Das Pferd wird mit einer Trense oder einem *Kappzaum* aufgezäumt und mit Hilfszügeln ausgebunden.

AUSRÜSTUNG DER VOLTIGIERER

Die Turnerinnen und Turner tragen weiche Turnschläppchen und eng anliegende, sportliche Turnanzüge, damit sie nirgends am Pferd hängen bleiben und ihre Turnbewegungen vom Trainer und vom Publikum genau erkannt werden können.

EIN VIELSEITIGER SPORT

Beim Voltigieren werden Gleichgewicht, Körperspannung und Muskelkraft trainiert. Außerdem gehört viel Vertrauen zum Pferd und zu den Mitturnern zu dieser spannenden Sportart. Das Voltigieren fördert also auch das Gemeinschaftsgefühl.

Stehen ... und dann auch noch turnen auf dem Pferd? Ich weiß nicht, ob ich mich das traue! Und was würde Sternchen wohl dazu sagen? Meine Reitlehrerin meint, Sternchen wäre davon sicher nicht begeistert. Zum Voltigieren braucht man ein braves und extra dafür ausgebildetes Pferd, das sich nicht daran stört, wenn drei Kinder auf seinem Rücken herumturnen ...

VOLTIGIEREN LERNEN

Wenn du voltigieren möchtest, frag doch mal deine Reitlehrerin oder deinen Reitlehrer. Vielleicht haben andere an deinem Reitstall auch Lust dazu, dann könnt ihr eine Voltigiergruppe gründen. Ein paar erste kleine Übungen könnt ihr natürlich auch in einer normalen Longenstunde machen. Das Reiten ohne Zügel an der Longe und kleinere Gleichgewichtsübungen sind nämlich sehr hilfreich für einen korrekten Sitz.

Versuch auf gar keinen Fall, ohne eine ausgebildete, erwachsene Aufsichtsperson auf einem Pferd zu turnen! Voltigieren ist ein anspruchsvoller Sport, mit dem man sich Schritt für Schritt und unter Aufsicht eines erfahrenen Trainers vertraut machen muss.

Ausreiten und Wanderreiten

Mit dem Lieblingspony durch die Wälder streifen, über Stock und Stein gemeinsam das Gelände erkunden und über die Felder mit dem Wind um die Wette galoppieren … Ausreiten ist einfach das Schönste, was es gibt! Was es dabei zu beachten gilt, erfährst du in diesem Kapitel.

NIE ALLEIN AUSREITEN!

Ausreiten solltest du immer mit einer Freundin oder einem Freund, besser noch mit einem Erwachsenen, der sich gut im Gelände auskennt. Wenn einem etwas passieren sollte, kann der andere Hilfe holen.

WOHIN DES WEGES?

Teilt immer jemandem am Reitstall mit, wohin ihr reiten wollt und wie lange ihr ungefähr unterwegs sein werdet. Jeder sollte ein Handy mitnehmen, damit ihr im Notfall Hilfe rufen könnt.

NICHT ZU SPÄT LOSREITEN!

Im Sommer ist es abends lange hell, aber im Herbst und Winter müsst ihr unbedingt daran denken, dass es sehr früh dunkel wird. Im Winter beginnt es schon am Nachmittag zu dämmern. Dann solltet ihr von eurem Ritt bereits zurück sein!

Sehen und gesehen werden!

Falls ihr doch einmal in der Dämmerung oder bei trübem Wetter unterwegs seid, sind eine Stiefel- und Helmlampe, aber auch Leuchtgamaschen unerlässlich! Genau wie auf dem Fahrrad muss man sein Pferd und sich mit einem weißen Licht vorne und einem roten hinten ausstatten. Es gibt auch spezielle Reflektor-Gamaschen für Pferde und du kannst dir außerdem noch Reflektoren an den Jackenärmeln befestigen. Nur so werdet ihr gut gesehen!

VORSICHT UND RÜCKSICHT!

Beim Reiten im Gelände, also im Wald, auf Feldern und an Straßenrändern, sind Vorsicht und Rücksicht das Allerwichtigste. Rücksicht auf die schwächsten Reiter in der Gruppe und auf Fußgänger, die euch begegnen. Vorsicht an Straßenübergängen und an Orten, die für die Pferde möglicherweise unbekannt und somit unheimlich sein könnten. Kommen euch Fußgänger oder Radfahrer auf Wald- und Feldwegen entgegen, müsst ihr immer Schritt gehen und genügend Abstand zu den Personen halten.

Abstand halten!

Genau wie auf dem Reitplatz und in der Halle gilt auch im Gelände: Abstand halten! Lass nie dein Pferd zu nah an das Pferd vor oder neben euch, um Streitigkeiten zwischen den Vierbeinern zu verhindern.

WANDERREITEN

Ein ganz besonderes Abenteuer ist es, mit dem Pferd über mehrere Tage unterwegs zu sein. Das stärkt das Vertrauen von Pferd und Reiter, aber auch die Gemeinschaft unter den Reitern. Es gibt organisierte Wanderritte, denen man sich anschließen kann. Oft finden sich aber auch in einer Stallgemeinschaft einige leidenschaftliche Geländereiter zusammen, die gemeinsam eine Route planen, die Übernachtungsmöglichkeiten organisieren und sich auch gemeinsam auf den Ritt vorbereiten.

Für längere Ritte sind Wanderreitsättel oder Westernsättel besonders geeignet, da sie auf Dauer etwas bequemer sind als Englischsättel. Aber du solltest dir nicht einfach irgendeinen Sattel ausleihen. Er muss dem Pferd passen! Lieber im passenden eigenen Sattel reiten, als in einem geliehenen, der dem Pferd Rückenschmerzen bereitet!

FIT IM SATTEL

Um tagelang im Sattel sitzen zu können, musst du eine gute Kondition haben. Du solltest es gewohnt sein, jeden Tag zu reiten und auch nach mehreren Stunden im Sattel noch nicht ermüden. Um das zu erreichen, reitet ihr am besten schon ein paar Wochen vor dem großen Ritt mehrmals pro Woche aus und steigert nach und nach die Kilometer.

KONDITION FÜRS PFERD

Das Pferd muss absolut fit und trainiert sein. Am besten bereitet man ein Pferd auf einen Wanderritt vor, indem man genau das richtige Maß an Ausdauertraining in unterschiedlichem Gelände, Gymnastizierung in der Reitbahn, aber auch Ruhetagen zur Regeneration findet. Je nachdem, wie weit die Strecken bei eurem Wanderritt sind, sollte das Pferd am Ende der Vorbereitungszeit in der Lage sein, ohne große Anstrengung einen ausgiebigen Geländeritt in allen drei Gangarten zu absolvieren.

Was muss mit?

- ☑ Packtaschen
- ☑ Regenjacke oder -mantel
- ☑ Sonnencreme
- ☑ Fliegenspray
- ☑ Wurzelbürste
- ☑ Hufkratzer, evtl. Hufraspel und -messer
- ☑ Erste-Hilfe-Set
- ☑ Falteimer zum Tränken
- ☑ Abschwitzdecke
- ☑ Gewohntes Kraftfutter

- ☑ Handy und Ersatzakku bzw. Ladekabel
- ☑ Karte und Kompass, Navigations-App
- ☑ Getränke und Essen
- ☑ Telefonnummern von Tierarzt, Schmied und Wanderreitstationen
- ☑ passende Bekleidung (auch zum Wechseln)
- ☑ Hygiene-Artikel

VERKEHRSSICHERHEIT

Ganz wichtig ist, dass die Pferde verkehrssicher sind, das heißt, sie müssen brav an der Straße stehen bleiben und dürfen keine Angst vor Autos, Lkw oder Fahrrädern haben. Straßen werden übrigens immer „im Verband" überquert, das heißt, alle reiten gemeinsam über die Straße, wenn sie frei ist. Kein Reiter darf alleine auf der anderen Straßenseite stehen bleiben oder die Gruppe getrennt werden.

LEBEN MIT DEM PFERD

Der richtige Reitstall

Dein Pferd und du, ihr müsst euch in eurem Stall so richtig wohlfühlen. Dazu gehört nicht nur eine schöne Reithalle oder ein gemütliches Reiterstübchen. Es ist auch wichtig, dass du dich mit den anderen Reitern gut verstehst, ihr euch gegenseitig helft und unterstützt. Das nennt man Stallgemeinschaft.

REITEN

Zum Reiten brauchst du einen *Reitplatz* oder eine *Reithalle*. Wenn es zum Beispiel regnet oder stürmt, ist es von Vorteil, in der witterungsgeschützten Halle reiten zu können. Falls es nur einen Reitplatz gibt, sollte es am besten ein Allwetter-Reitplatz sein, der bei Regen nicht gleich unter Wasser steht.

KOMFORT FÜR PFERD ... UND REITER!

Im Stall muss sich zuallererst natürlich das Pferd wohlfühlen. Wie ein richtig schönes Pferde-Zuhause aussieht, hast du im Kapitel über die Unterbringung von Pferden gelesen. Aber natürlich sollte es auch dir gefallen! Immerhin verbringst du im Stall wahrscheinlich einen großen Teil deiner Freizeit. Und auch dein Pferd spürt, ob es dir dort gefällt oder nicht.

UND NACH DEM REITEN?

Nach dem Reiten das Pferd auf die Koppel bringen und ab nach Hause? Viel schöner ist es, mit den anderen noch ein bisschen im Reiterstübchen zu sitzen und sich über das schönste Hobby der Welt zu unterhalten! In den meisten größeren Ställen gibt es ein Reiterstübchen, manchmal sogar mit Getränkeautomat und Küche.

MIT DEM RAD ... ODER CHAUFFIEREN LASSEN?!

Wie weit hast du es zum Stall? Zehn Minuten mit dem Rad oder eine halbe Stunde mit dem Auto? Am besten ist es natürlich, wenn du selbst hinradeln kannst. Denn deine Eltern haben sicher nicht immer Zeit, dich zu fahren. Wenn du ein eigenes Pferd oder eine Reitbeteiligung hast, ist es besonders wichtig, dass du nicht zu weit vom Stall weg wohnst. Stell dir vor, deinem Pferd fehlt etwas und du musst erst mit Bus und S-Bahn durch die ganze Stadt und dann noch zwanzig Minuten radeln, um nach deinem Liebling zu sehen! Bei nasskaltem Wetter ist das auch nicht gerade ideal.

Fühlst du dich wohl an deinem Stall?

- ☑ Wie ist die Stallgemeinschaft? Gibt es Mädchen und Jungs in deinem Alter?
- ☑ Ist der Stall für dich gut mit dem Fahrrad erreichbar?
- ☑ Sind die Reitlehrerinnen oder Reitlehrer nett? Gibt es immer jemanden, den du fragen kannst, wenn du etwas nicht weißt?

Alltag im Reitstall

In einem Reitstall fällt viel Arbeit an! Ausmisten, füttern, die Pferde auf die Koppeln bringen, kleinere Verletzungen versorgen … Aber auch Reparaturen, Weidepflege, Futterbeschaffung und Heuernte stehen auf dem Programm.

WIE SIEHT EIN TAG IM REITSTALL AUS?

Das kommt ganz darauf an, wem du über die Schulter schaust. Dem Reitlehrer? Dem Bereiter? Dem Hufschmied? Dem Landwirt, der weniger mit den Pferden und dafür mehr mit den Weiden und der Heu- oder Getreideernte zu tun hat? Und dann gibt es auch noch ein Büro für die Verwaltungsarbeit. Dort werden zum Beispiel die Reitstunden organisiert, Aushänge für das Schwarze Brett erstellt und Termine gemacht.

*Der **Reitlehrer** kümmert sich um den Gruppen- und Einzelreitunterricht und betreut die Reitschüler. Wenn du Fragen rund ums Pferd hast, bist du bei ihm richtig!*

*Der **Bereiter** trainiert und betreut die Pferde, die zu ihm in Beritt gegeben werden. Das können junge Pferde sein, die noch ausgebildet werden müssen, aber auch Pferde, deren Besitzer nicht genug Zeit haben, die Tiere selbst zu bewegen.*

*In manchen Ställen ist ein **Hufschmied** fest angestellt, der sich um die Hufpflege und den Beschlag der Schulpferde und Einstellerpferde kümmert. Wenn du ihn freundlich bittest, darfst du bestimmt mal zusehen.*

*Dass Pferde Heu brauchen und gerne auf einer schönen, großen und gepflegten Weide stehen, hast du in den Kapiteln „Pferdefütterung" und „Der richtige Stall" gelesen. Der **Landwirt** kümmert sich darum, dass immer genug Heu da ist und die Weiden in Ordnung sind. In vielen Betrieben ist aber der Landwirt auch gleichzeitig der **Pferdewirt**.*

WOBEI KANNST DU HELFEN?

Geh am besten zu deinem Reitlehrer oder deiner Reitlehrerin und frag ihn oder sie, wo noch helfende Hände gebraucht werden. Sicher kannst du beim Fegen der Stallgasse, beim Ausmisten, beim Aufräumen der Sattelkammer oder beim Führen der Pferde helfen. Irgendetwas fällt immer an!

DER TAGESABLAUF

Ob der Hahn auf dem Mist kräht oder der moderne Funkwecker schrillt – eines ist klar: An Ausschlafen ist in einem Reitstall nicht zu denken! Schon sehr früh am Morgen müssen die Pferde gefüttert und danach auf die Weide gebracht werden.

SPEZIAL

Hoffest

Habt ihr bei euch am Stall schon mal ein Hoffest organisiert? Das macht superviel Spaß und zieht viele Besucher an!

GROSSE AUFRÄUMAKTION

Jedem Hoffest geht immer eine große Aufräumaktion voraus. Schließlich wollt ihr euch den Besuchern von eurer besten Seite präsentieren. Teilt euch in Gruppen ein und verteilt die Aufgaben untereinander. Die eine Gruppe geht mit Müllbeuteln über den Hof und sammelt den Unrat ein, die andere fegt die Stallgassen und den Außenbereich, die nächste Gruppe streicht, wenn nötig, ausgeblichene und abgeblätterte Gatter und Springstangen neu.

Tipp

Fahrt am besten mit einer Schubkarre über den Hof. Jemand kann dann mit dem Auto den ganzen Müll zum Container fahren.

Mich willst du aber nicht verkaufen?!

Im Sommer gab es bei uns ein großes Hoffest! Das war toll! Nächstes Jahr wollen wir einen Flohmarkt organisieren, wo jeder die Sachen verkaufen kann, die er nicht mehr braucht. Wir freuen uns schon!

DAS WETTER

Am besten, ihr sucht euch eine Zeit aus, in der es meistens schön ist, zum Beispiel im Juni, Juli oder August. Auf die Einladung solltet ihr aber unbedingt einen Ausweichtermin schreiben. Wenn dann ein paar Tage vorher Regen für den großen Tag angekündigt wird, könnt ihr das Fest verschieben und niemand ist überrascht oder enttäuscht.

Tipp

Die Einladungen könnt ihr in den umliegenden Supermärkten aushängen oder auch in sozialen Netzwerken online stellen und an die Leute, die ihr kennt, per E-Mail verschicken.

Tipp

Um einen richtig guten Eindruck zu machen, putzt jeder sein Pferd an diesem Tag besonders sauber und zieht ihm sein „Sonntags-Halfter" an. So strahlen die Pferde auf den Koppeln den Besuchern schon von Weitem entgegen.

KINDERSCHMINKEN

Baut einen Stand auf, an dem die Kinder sich beispielsweise für einen geringen Unkostenbeitrag schminken lassen können. Besorgt unbedingt genug Schminkmaterial in allen Farben, außerdem bunte Federn für die Haare und Streuglitzer. Ein oder zwei Erwachsene gibt es sicher an eurem Stall, die ein Händchen fürs Schminken haben.

PONYS SCHMÜCKEN

Auch die Ponys werden geschmückt und mit Fingerfarben bemalt. Indianerponys mit Federn in der Mähne, bunte Einhörner mit glitzerndem Schopf ... eurer Fantasie sind keine Grenzen gesetzt! Die geschminkten Kinder und geschmückten Ponys werden dann zusammen fotografiert und die Bilder gibt es im Anschluss per E-Mail.

KAFFEE UND KUCHEN

Ganz wichtig ist natürlich ein Stand mit Kaffee, Kakao und Kuchen. Dafür bringen eure Eltern und die anderen Erwachsenen am Hof so viel Kuchen wie möglich mit. Teilt die Zeiten an den Ständen so ein, dass jeder ein oder zwei Stunden am Kuchenverkauf ist. So wird keinem die Zeit zu lang.

° Tipp

An jedem Stand solltet ihr eine ab- schließbare Kasse haben. Den Schlüssel hat immer derjenige, der Standdienst hat. Für alle Kassen solltet ihr an einem geheimen Ort einen Zweitschlüssel auf- bewahren.

CRÊPES, WAFFELN & CO.

Besonders gut eignen sich auch Crêpes und Waffeln zum Verkauf. Ihr braucht ein oder besser zwei Waffeleisen und ein Crêpe-Eisen. Den fertigen Teig schüttet ihr in große, saubere Kanister, die unten einen kleinen Hahn haben. So füllt ihr den Teig in eine Kunststoffschüssel und gebt ihn dann von da mit einer Kelle ins Waffeleisen oder das Crêpe-Eisen. Nach weni- gen Minuten sind die süßen Köstlichkeiten fertig.

° Tipp

Für die Stände eignen sich Biertische mit Papiertischdecken am besten. Auch für die Besucher solltet ihr Bierbänke und Biertische aufstellen. Diese kann man beim Party-Ver- leih mieten, es ist aber wichtig, sich rechtzei- tig darum zu kümmern.

PONYREITEN

Mit einigen braven Ponys könnt ihr auch Ponyreiten machen. Überlegt euch vorher, was ein paar Runden kosten sollen, zum Beispiel drei Runden um den Reitplatz für einen Euro, und verteilt an der Kasse dann passende Helme. Die Eltern müssen ihre ganz kleinen Kinder auf dem Sattel festhalten. Größere Kinder können sich alleine halten, während ein Erwachsener das Pony führt. Hier ist es ganz wichtig, dass ihr nur die allerbravsten Ponys nehmt. Alles muss mit viel Ruhe gemacht werden, damit die Pferde nicht hektisch werden. Ist eines der Ponys nicht mehr so brav, weil es keine Lust mehr hat, nehmt es lieber raus und bringt es auf die Weide. Damit die Wartezeiten nicht zu lang werden, solltet ihr vorher genau planen, wie viele brave Ponys für das Ponyreiten geeignet sind und dann die Ponys so einteilen, dass keines länger als eine Dreiviertelstunde Runden laufen muss.

TOMBOLA

Für die Tombola sammelt ihr in den Wochen vor dem Fest alle Sachen, am besten aber nur neue oder sehr gut erhaltene, die ihr nicht mehr braucht. Ihr könnt auch kleinere Preise kaufen, günstige Halfter gibt es schon ab drei Euro. Dann bastelt ihr kleine Lose und zu bestimmten Uhrzeiten, zum Beispiel alle zwei oder drei Stunden, findet eine Verlosung statt. Wer nichts gewonnen hat, bekommt einen Trostpreis. Zum Beispiel eine Runde Ponyreiten auf dem Einhorn!

Reiterspiele

Beim Hoffest könnt ihr verschiedene Reiterspiele machen. Hier sind einige Ideen für witzige Spiele für Pferd und Reiter!

GESCHICKLICHKEITS-PARCOURS

Beim Geschicklichkeits-Parcours geht es ... um Geschicklichkeit, wer hätte das gedacht. So weit, so gut. Aber was bedeutet das eigentlich? Geschicklichkeit bedeutet, dass man vom Pferderücken aus bestimmte Aufgaben erledigen kann, ohne das Gleichgewicht und so die Kontrolle über das Pferd zu verlieren.

Man kann zum Beispiel ein Tor durchreiten wie beim *Western Trail* oder einen Gegenstand von einem Ort zum anderen transportieren. Sieht leicht aus, ist aber gar nicht so einfach: vom Pferderücken aus einen Gummiring über einen Kegel werfen. Richtig lustig wird es, wenn ihr ein Ei auf einem Löffel balanciert und dabei über Cavaletti reitet oder euer Pferd mit einem vollen Glas Wasser in der Hand durch eine Stangengasse manövriert.

TONNENRENNEN

Das *Barrel Race* (Tonnenrennen) kommt aus den USA und ist eine Disziplin im Westernreiten. Es werden drei große Tonnen aufgestellt, um die der Reiter sein Pferd im Galopp herumreiten muss. Dabei geht es um Schnelligkeit – und bedingt durch die engen Kurven um die Tonnen natürlich um Wendigkeit. Schaltet einen Gang runter und reitet das Tonnenrennen bitte nur im Trab – das macht genauso viel Spaß, ist aber weniger rasant und gefährlich.

KÜHE EINFANGEN

Es könnte vielleicht schwierig werden, eine Kuh für dieses Spiel zu organisieren und eure Pferde finden das sicher auch nicht so lustig. Aber irgendjemand findet sich schon, der sich ein geflecktes Kostüm überwirft und muhend durch die Halle läuft. Der Cowboy muss nun das Vieh mit seinem Lasso einfangen. Um die Sache zu erleichtern, gebt der „Kuh" feste Bahnen vor, auf denen sie sich bewegen darf. Wer am schnellsten sein Lasso um das liebe Vieh geworfen hat, hat gewonnen!

KOSTÜM-WETTBEWERB

Wer hat das schrillste Kostüm? Bei diesem Wettbewerb ist die Vorbereitung alles! Denkt euch am besten ein Motto aus, nach dem ihr euch verkleidet, und lasst euch dann von euren Eltern beim Zusammenstellen des Kostüms für Pferd und Reiter helfen. Ihr könnt euch zum Beispiel als Lucky Luke und Jolly Jumper verkleiden oder als Roboter, Aliens oder Insekten ... Dann reitet ihr zur passend ausgewählten Musik eine kleine ausgedachte Aufgabe. Wer am meisten Applaus oder Stimmen erhält, gewinnt und reitet eine Ehrenrunde im Galopp.

Pferde verladen und transportieren

Falls du zum Turnier fahren möchtest oder ihr einmal in die Pferdeklinik müsst, solltest du dein Pferd problemlos in den Pferdeanhänger führen können und wissen, worauf es beim Transport ankommt.

SICHERHEIT GEHT VOR!

Beim *Verladen* – so nennt man das Führen des Pferdes in den Anhänger – gibt es einige wichtige Punkte zu beachten. Am besten übt man das einige Male zu Hause, ohne wirklich wegzufahren. Dazu muss der Anhänger an ein *Zugfahrzeug* angeschlossen und gesichert werden. Das geht nur mit mehreren Erwachsenen. Das Verladen sollte immer von einem erfahrenen Pferdemenschen und mindestens einem Helfer durchgeführt werden. Nicht alle Pferde steigen gerne in den Anhänger. Das ist ja auch verständlich. Es ist eng und ungewohnt. Daher ist es immer hilfreich, wenn ein erfahrenes Pferd zuerst in den Anhänger geführt wird, damit der Neuling sich sicherer fühlt. Niemals sollte das Pferd im Anhänger etwas Unangenehmes erleben, sondern sich darin immer wohlfühlen!

Immer den Equidenpass *mitführen!*

Transportgamaschen sind extra dicke und lange Gamaschen, die die empfindlichen Beine des Pferdes bei der Fahrt schützen.

Reisevorbereitungen

☑ Halfter
☑ Führstrick zum Hinein- und Hinausführen
☑ Anbindestrick zum Anbinden im Hänger
☑ Transportgamaschen
☑ Heunetz
☑ Abschwitzdecke
☑ je nach Wetter eine Regendecke
☑ Equidenpass
☑ Tränkeimer

ALLES EINSTEIGEN, BITTE!

Beim Führen in den Anhänger ist es wichtig, dass das Pferd gerade und mittig auf die Einstiegsrampe geht. Viele Pferde gehen zögerlich auf die Rampe. Macht das Pferd einen zaghaften Schritt nach vorn, lobt man es und motiviert es, weiterzugehen. Anfangs wird es möglicherweise immer wieder stehen bleiben. Bald merkt es aber, dass im Anhänger keine Gefahr lauert, und wird flüssiger hineingehen.

BITTE ANSCHNALLEN!

Wirklich „anschnallen" musst du dein Pferd nicht. Aber es gibt eine wichtige Regel zu beachten: Wenn das Pferd im Anhänger steht, schließt ein Helfer von hinten die Sicherungsstange. Erst dann darf der Panikhaken vorne befestigt werden!
Zu guter Letzt wird die Hängerklappe langsam und vorsichtig geschlossen.

UND WIEDER RAUS ...

Man öffnet zuerst die Klappe, steigt dann am besten von vorne in den Anhänger ein, öffnet den Panikhaken und befestigt den Führstrick am Halfter. Wenn das Pferd nicht mehr angebunden ist, entfernt ein Helfer die hintere Sicherungsstange. Dann stellt er sich neben der Rampe auf und achtet darauf, dass das Pferd nicht seitlich von der Rampe tritt, während es langsam Schritt für Schritt rückwärts aus dem Hänger geführt wird. Driftet das Pferd mit den Hinterbeinen nach links oder rechts, richtet man es gerade und lässt es weiter rückwärtsgehen.

Auf dem Turnier

Das ist der große Traum fast jeden Reiters – ob jung oder alt. Gemeinsam mit dem Pferd vor Richtern und Publikum glänzen und allen zeigen, was man kann …

ÜBEN, ÜBEN UND NOCHMALS ÜBEN …

Wenn du genügend Reitstunden genommen hast und dein Reitlehrer oder deine Reitlehrerin findet, dass du und dein Pferd echte Fortschritte gemacht haben, dann ist es an der Zeit, an euer erstes kleines Turnier zu denken.

Was brauchst du fürs Turnier?

Für dich:
- ✔ weiße Reithose
- ✔ weiße Bluse
- ✔ schwarzes Jackett
- ✔ saubere Reitstiefel
- ✔ sauberen Helm
- ✔ Sicherheitsnadeln für die Startnummern
- ✔ Startnummern

Für dein Pferd:
- ✔ Mähnengummis
- ✔ Putzzeug
- ✔ Equidenpass
- ✔ Transportgamaschen
- ✔ Heunetz
- ✔ Wassereimer
- ✔ Abschwitzdecke
- ✔ Regendecke
- ✔ Halfter und Strick

Die Westernreiter tragen auf ihren Turnieren Jeans und manchmal lange Leder-Chaps mit Fransen, schicke Blusen, edle Westernhüte und glänzende Westernstiefel, die oftmals mit Sporen ausgestattet sind. In den Pleasure-Prüfungen glitzern die Blusen der Damen besonders, die Herren kleiden sich etwas schlichter. In einer Reining-Prüfung trägt man ein ordentliches Hemd und einen Hut. Reiter unter 18 Jahren tragen selbstverständlich einen Helm!

VORBEREITUNG

Am Vortag wäschst du dein Pferd mit Shampoo und *zöpfelst* ihm die Mähne. Zieh ihm am besten über Nacht eine dünne Decke an. Am Tag des Turniers hast du weder Zeit noch Nerven, deinem Pferd Mistflecken aus dem Fell zu schrubben. Auch die Ausrüstung muss picobello sein! Den Sattel, das Zaumzeug und deine Stiefel putzt du mit Sattelseife und fettest das Leder danach ein wenig ein.

STYLING FÜRS PFERD

Dein Pferd soll an seinem großen Tag richtig hübsch aussehen! Du kannst ihm die Mähne einflechten oder zöpfeln, wenn du sie offen lässt, muss sie ordentlich sein.

Fleißige Helfer …

… und moralische Unterstützung. Neben deinem Reitlehrer óder deiner Reitlehrerin kannst du auch eine Freundin bitten, dich zu begleiten. Sie kann dein Pferd halten, dir etwas zu trinken holen oder dich ablenken und beruhigen, wenn du nervös bist.

WIE, WO, WAS?

Es ist alles kein Hexenwerk! Bereite dich genau auf die Anforderungen vor. Deine Reitlehrerin oder dein Reitlehrer kann dir dabei helfen, denn sie oder er weiß, worauf es ankommt. Informiere dich über Turniere in deiner Nähe, damit ihr nicht so weit fahren müsst.

Tipps gegen die Aufregung

- Denke daran: Die anderen sind genauso aufgeregt wie du!
- Atme ruhig und gleichmäßig, das beruhigt auch dein Pferd!
- Mach dir klar: Es ist nicht schlimm, wenn etwas nicht klappt. Dabei sein ist alles!

SPEZIAL

Pferde-Tagebuch führen

Du erlebst so viele schöne Dinge mit deinem Lieblingspferd und möchtest dich am liebsten noch in 50 Jahren an alles erinnern, als wäre es gestern gewesen? Du schreibst gerne und hebst jeden Schnipsel rund ums Pferd auf? Du machst gerne viele Fotos von deinem geliebten Vierbeiner? Dann ist ein Pferde-Tagebuch das Richtige für dich!

AUF PAPIER ODER ELEKTRONISCH ...

Tagebuch schreiben kannst du auf Papier, also in einem „echten" Tagebuch, oder am Computer. Dort kannst du entweder nur für dich schreiben oder auch online, vielleicht helfen dir deine Eltern, einen Blog einzurichten. Es gibt auch Internetforen, in denen Pferdebesitzer, Reitbeteiligungen und begeisterte Pferdefreunde von sich und ihren Pferden berichten.

WAS SCHREIBEN?

Das Schöne beim Tagebuchschreiben ist: Du kannst schreiben, was du willst! Und wenn du mal an einem Tag keine Lust hast, den Stift in die Hand zu nehmen oder deinen Laptop einzuschalten, nimmt es dir auch keiner übel. Du kannst einfach alles aufschreiben, was dir einfällt, und schöne oder kuriose Erlebnisse für immer festhalten.

Klick!

Nimm bei besonders gutem Wetter immer eine Kamera oder dein Smartphone mit. So kannst du jederzeit schöne Fotos machen und diese dann für deine Freunde online stellen oder ausdrucken und in dein Tagebuch einkleben.

NIE OHNE FOTOGRAFEN …

Dein erstes Turnier steht bevor oder ihr plant einen ausgedehnten Ausritt in einer größeren Gruppe? Organisiert euch unbedingt jemanden, der Fotos macht. Wie schade wäre es, wenn die Erinnerungen an den großen Tag verloren gingen …

Schweifhaar-Lesezeichen

Für dein Tagebuch kannst du dir ein ganz besonderes Lesezeichen basteln. Schneide dafür deinem Pferd vorsichtig eine ungefähr 20 Zentimeter lange Strähne aus dem Schweif. Wenn es nicht dein Pony ist, musst du unbedingt um Erlaubnis fragen! Nimm eine Strähne von ganz unten und in der Mitte des Schweifs, sodass die fehlenden Haare nicht auffallen. Das obere Ende der Strähne fixierst du mit durchsichtigem Klebeband. Ein paar einzelne Schweifhaare nimmst du nun vorsichtig zwischen zwei Finger und wickelst sie von oben nach unten um die Strähne. Etwa drei Zentimeter über dem Strähnenende knotest du sie fest und fixierst den Knoten mit etwas Klebeband. Wenn du kreativ bist, kannst du das Schweifhaar-Lesezeichen ganz individuell verzieren und zum Beispiel eine bunte Holz- oder Glasperle aus einem Schmuckbastel-Set oder eine Feder mit einflechten.

Berufe mit Pferden

Das Hobby rund ums Pferd ist eines der spannendsten, die es gibt! Und wie sagt man so schön: „Wer sein Hobby zum Beruf macht, muss nie wieder arbeiten …"

ARBEITEN MIT PFERDEN

Es gibt viele verschiedene Berufe, die mit Pferden zu tun haben. Einige hast du in diesem Buch schon kennengelernt: Tierarzt, Hufpfleger, Hufschmied, Reitlehrer, Bereiter … Dann gibt es noch Bodenarbeitstrainer, Pferdepsychologen, Pferde-Physiotherapeuten, -chiropraktiker und -osteopathen, Filmpferdetrainer, Pferdesportfachverkäufer, Pferdeheilpraktiker, Sattler, Pensionsstallbetreiber, Pferdewirte …

Lilly, 18,
Pferdewirt-Azubi

Hallo, ich bin Lilly! Ich mache gerade meine Ausbildung zum Pferdewirt mit Schwerpunkt Reiten. Nach meinem Schulabschluss stand für mich eines fest: Ich möchte auch beruflich mit Pferden zu tun haben, denn sie sind meine große Leidenschaft! Die Ausbildung dauert drei Jahre. An meinem Ausbildungsstall fühle ich mich richtig wohl, wir sind ein super Team, das immer zusammenhält. Manchmal ist es anstrengend, aber den ganzen Tag am Schreibtisch sitzen … das wäre nichts für mich!

Hans, 47, Hufschmied

Mein Name ist Hans. Ich beschlage seit 23 Jahren Pferdehufe. Davor war ich als Schlosser tätig. Pferde liebe ich schon seit meiner Kindheit und so machte ich die Zusatzausbildung zum Hufschmied. Es ist schon manchmal sehr viel Arbeit und abends tut mir der Rücken weh. Aber die dankbaren Pferdebesitzer und die freundlichen Augen meiner vierbeinigen Kunden erfreuen mich jeden Tag aufs Neue!

Lena, 34, Westerntrainerin und Bereiterin

Nichts macht mehr Spaß, als den eigenen Reitschülern und *Berittpferden* bei ihren Fortschritten zuzusehen. Ich bin mobile Trainerin, das heißt, ich fahre zu meinen Reitschülern und ihren Pferden an den Stall. Mein großer Traum ist es, mich eines Tages mit meinem eigenen Trainingsstall niederzulassen.

Christine, 42, Tierärztin

Ob ihr's glaubt, oder nicht! Ich wollte schon als kleines Mädchen immer Tierärztin werden! Das Studium der Tiermedizin war manchmal ganz schön hart, aber es hat sich gelohnt: Jetzt habe ich den schönsten Beruf der Welt.

Rekorde und Unglaubliches

Wie groß ist das größte Pferd der Welt? Wie hoch kann ein Pferd springen? Und gibt es Pferde, die älter als fünfzig Jahre werden?

DAS KLEINSTE PFERD DER WELT

Die kleinsten Pferde, die es gibt, sind die Falabella-Ponys und die American Miniature Horses. Falabellas haben ein Stockmaß von ungefähr bis zu 80 Zentimetern. Sie gehen einer stattlichen Deutschen Dogge, deren männliche Vertreter ab 80 Zentimeter hoch sind, gerade bis zum Kinn. Das kleinste derzeit lebende Pferd der Welt ist ein American Miniature Horse. Es ist im US-amerikanischen Bundesstaat Missouri zu Hause. „Thumbelina" (Däumelinchen) ist nur 44 Zentimeter groß. „Little Pumpkin" war ein Falabella-Hengst, der 1973 gerade einmal knapp über 35 Zentimeter maß und dessen überschaubare Körpergröße bislang nicht unterboten werden konnte!

Ein Falabella-Pony und ein Shire Horse

DAS GRÖSSTE PFERD DER WELT

Als die größten Pferde gelten die Shire Horses. Sie sind gar nicht alle so riesig, aber das größte Exemplar dieser Rasse war fast 2,20 Meter groß und wog mehr als 1,5 Tonnen. Unter so einem Riesen könnten sich zwei Falabellas problemlos übereinanderstapeln!

Und mein Sternchen hält den Rekord des liebsten und süßesten Ponys der Welt!

DAS ÄLTESTE PFERD DER WELT

1822 starb das bislang älteste Pferd der Welt, „Old Billy", mit 62 Jahren! Es lebte in England und war ein Shire-Horse-Welsh-Cob-Mix.

SCHNELLER ALS DER WIND ...

Der bis heute ungeschlagene Rekord wurde von dem Quarter-Horse-Wallach „Evening Star" im Jahre 1994 aufgestellt. Er lief die Distanz von 440 Yards (400 Meter) in 21 Sekunden. Die gemessene Spitzengeschwindigkeit betrug dabei mehr als 72 Kilometer pro Stunde. Die absolute Höchstgeschwindigkeit eines Quarter Horses wurde von der American Quarter Horse Association (AQHA) bei fast 80 Kilometern pro Stunde gemessen.

Beim Trabrennen beträgt der derzeitige Rekord 1000 Meter in weniger als 60 Sekunden. Übrigens verliert ein Traber auf einer Distanz von einer Meile (das sind etwa 1,6 Kilometer) fünf bis 15 Kilogramm seines Körpergewichts in Form von Wasser!

WER SPRINGT AM HÖCHSTEN?

Erinnerst du dich an das Kapitel über das Springreiten? Dort hast du bereits „Heatherbloom" kennengelernt, die 1902 mit Richard „Dick" Donnelly über ein Hindernis von unglaublichen 2,50 Metern sprang. Die beiden halten damit seitdem den Rekord.

WER IST DER STÄRKSTE?

Unvorstellbar! Das Brauereipferd „Monti" hat 1984 ein Gewicht von sage und schreibe 44 Tonnen gezogen und gilt damit als das stärkste Pferd der Welt!

Pferde, Pferde, Pferde!

Pferde sind so vielseitig! Man kann sie nicht nur reiten, das hast du jetzt schon gelernt. Aber was Pferde noch alles können, liest du hier!

POLIZEIPFERDE

Pferde, die bei der berittenen Polizei „angestellt" sind, haben einen ganz besonders wichtigen Job. Sie werden so ausgebildet, dass sie selbst bei großen Unruhen und Lärm wie zum Beispiel bei Demonstrationen oder anderen Massenveranstaltungen ruhig bleiben. Selbst der Abschuss einer Waffe direkt neben ihnen macht ihnen nichts aus.

BRAUEREIPFERDE

Für das Ziehen von schweren Brauereiwagen bei festlichen Umzügen wie zum Beispiel beim Oktoberfest in München werden schwere Kaltblüter eingesetzt. Sie können unvorstellbar schwere Lasten ziehen. Sie werden festlich geschmückt und von den Zuschauern bewundert!

KUTSCHPFERDE

In einigen Städten fahren noch Kutschen durch die Straßen. Sie dienen natürlich nur als Touristenattraktion und nicht der normalen Fortbewegung wie der Bus oder die Bahn. Wien zum Beispiel ist besonders berühmt für seine „Fiaker".

Ein „Fiaker" ist eine zweispännige Kutsche, mit der man gegen Bezahlung durch die Stadt fahren kann. Aber was bekommt man, wenn man sich in ein gemütliches Wiener Kaffeehaus kutschieren lässt und einen „Fiaker" bestellt?
a) Eine Limonade mit Eiswürfeln
b) Eine Wiener Kaffeespezialität
c) Ein Wiener Würstchen mit Senf

Lösung: b)

THERAPIEPFERDE

Manche Pferde werden extra dafür ausgebildet, um als Therapiepferd für Menschen mit körperlichen und psychischen Problemen eingesetzt zu werden. Pferde haben auf Menschen eine so positive Wirkung, dass ihr Einsatz die Heilung beschleunigen oder Beschwerden lindern kann.

RENNPFERDE

Es gibt verschiedene Arten von Pferderennen: Beim *Galopprennen* erreichen die Pferde Geschwindigkeiten um die 60 bis 70 km/h. Beim *Trabrennen* dürfen die Pferde nicht in den Galopp fallen, die dafür eingesetzten Pferde (*Traber*) werden extra dafür gezüchtet. Beim *Skijöring* ziehen die Rennpferde Skifahrer hinter sich her. Und dann gibt es noch besondere Rennen für Gangpferde, die nur im *Pass* oder *Tölt* abgehalten werden.

FILMPFERDE

In vielen Filmen kommen Pferde vor. Meist müssen sie keine große schauspielerische Leistung vollbringen. Manchmal aber doch. Wenn zum Beispiel ein Pferd auf Kommando seinen Reiter abwerfen muss, ist ein einfühlsamer Filmtrainer gefragt, der mit dem Pferd die gewünschte Szene so lange probt, bis sie im Kasten ist. Für den Film „Der Pferdeflüsterer" engagierte Regisseur und Schauspieler Robert Redford den berühmten amerikanischen Pferdetrainer Buck Brannaman für die Betreuung der Filmpferde und ließ sich von ihm den Umgang mit Pferden zeigen.

GLOSSAR

Aalstrich • Dunkler Streifen entlang der Rückenlinie

Abschwitzdecke • Decke, meist aus Fleece, die nach dem Reiten hilft, das verschwitzte Fell schneller zu trocknen

Abstammungsnachweis • *Zuchtbescheinigung* eines Fohlens von ins *Zuchtbuch* eingetragenen Eltern

Aktivstall • Stall, in dem mehrere Pferde ähnlich leben wie in der freien Natur

Anhalten • Durch *Reiterhilfen* das Pferd dazu bringen, dass es stehenbleibt

Ankaufsuntersuchung • Tierärztliche Untersuchung, bevor man ein Pferd kauft

Apfelschimmel • Ein Schimmel mit hellgrauen, runden Flecken im Fell

Artgenosse • Anderes Tier derselben Rasse

Aufhalftern • Dem Pferd das Halfter anziehen

Aufsteighilfe • Hocker, der das Aufsteigen erleichtert

Auftrensen • Dem Pferd die Trense anlegen

Ausreiten • Reiten außerhalb vom Stall, z. B. im Wald und auf dem Feld

Außenbox Box, die eine Tür mit Fenster nach draußen hat

Aussitzen • Beim Traben im Sattel sitzen bleiben und mit der Bewegung des Pferdes mitgehen

Bahnfiguren • Figuren, die man in der Reitbahn reitet

Bandagen • Lange Fleecebinden, die um die *Röhrbeine* gewickelt werden

Bande • Die Wand in der Reithalle oder der Zaun auf dem Reitplatz

Barrel Race • Western-Disziplin, bei der im Galopp drei Tonnen umrundet werden

Bay • Bezeichnung der Westernreiter für *Brauner*

Beritt • Reiten eines Pferdes, um es auszubilden

Berittpferde • Pferde, die von einem Bereiter ausgebildet werden

Black • Bezeichnung der Westernreiter für *Rappe*

Blesse • Mehr oder weniger breiter, weißer Längsstreifen auf der Nase

Box • Form der Einzelunterbringung in einem Stall

Brauner • Pferd mit braunem Fell und schwarzen Beinen und Langhaar

Brown • Bezeichnung der Westernreiter für Dunkelbrauner

Brummeln • Freundliche, entspannte Lautäußerung, meist zur Begrüßung

Cantle • Hinterer Teil des Westernsattels

Cavaletti • Lange, etwas erhöht liegende Holzstangen zum Darüberreiten

Chapsletten • Stiefelersatz aus Stoff oder Leder

Chestnut • Bezeichnung der Westernreiter für *Dunkelfuchs*

Cowboy • Amerikanischer Rinderhirte

Cutting • Western-Disziplin, bei der Rinder aus einer Herde aussortiert werden

Decksprung • Besamung einer Stute durch einen Hengst

Dösen • Ruhen im Stehen ohne wirklich zu schlafen mit aufgestellter Hufspitze

Dressur • Reitkunst zur Gymnastizierung des Pferdes

Dressur-Lektionen • Übungen, die in der Dressur geritten werden

Dun • Bezeichnung der Westernreiter für *Falbe*

Dunkelfuchs • Dunkelrotbraunes Pferd mit gleichfarbigem Langhaar

Dünndarm • Bis zu 24 m langer Teil des Darms, in dem die Nahrung mithilfe von Enzymen aufgespalten wird

Einnähen • Flechten der Mähne und Fixieren der Zöpfchen mit Nadel und Faden

Einstellerpferde • Alle Privatpferde in einem Stall

Ellbogen • Knochen zwischen Oberarm und Unterarm

Endmaßpony • Pony mit einem Stockmaß über 1,45 m

Englischsattel • Zum Englischreiten verwendeter Sattel

Eohippus • Siehe *Hyracotherium*

Equidenpass • Pferdepass, „Personalausweis" des Pferdes

Evolution • Biologische Entwicklung der Lebewesen im Wandel der Jahrtausende

Exterieur • Äußeres Erscheinungsbild eines Pferdes

Falbe • Pferd mit gelblich hellbraunem oder grauem Fell, schwarzen Beinen, schwarzem Behang und oft mit einem *Aalstrich*

Fellpflege • Gegenseitiges Kraulen des Fells mit den Zähnen unter Artgenossen

Fessel • Teil des Pferdebeins zwischen *Huf* und *Röhrbein*

Fliegendecke • Dünne Netzdecke zum Schutz vor Mücken

Flocke • Sehr kleiner weißer Fleck auf der Stirn

Fuchs • Rotbraunes Pferd mit gleichfarbigem oder hellerem Behang

Führstrick • Zwei bis drei Meter langer Strick mit Karabinerhaken zum Führen

Fünfgänger • Pferd, das neben den Grundgangarten Schritt, Trab und Galopp auch Pass und Tölt geht

Galopp • Schnellste Gangart des Pferdes im Dreitakt

Galopprennen • Pferderennen, die nur im Galopp abgehalten werden

Gamaschen • Schutz für die Fesselgelenke und *Röhrbeine*

Gangpferd • Pferd, das neben den Grundgangarten Schritt, Trab und Galopp über eine oder mehrere andere Gangarten verfügt

Gerste • Getreideart zur Pferdefütterung aus sehr harten Körnern

Gerte • 80 bis 100 cm lange Peitsche ohne Schlag zur Verdeutlichung oder Ergänzung der Reiterhilfen

Geschicklichkeits-Parcours • Mehrere zu überwindende Hindernisse (z. B. Vorhang mit Flatterbändern, Brücke, Tor, Wasser)

Gray • Bezeichnung der Westernreiter für *Schimmel* und *Apfelschimmel*

Grundgangarten • Die drei Gangarten, die jedes Pferd beherrscht: Schritt, Trab und Galopp

Gurtstrippen • Lederriemen unter dem Sattelblatt, mit deren Hilfe der Sattelgurt festgezogen wird

Hafer • Getreideart zur Pferdefütterung, die leicht zu kauen und gut zu verdauen ist

Haken • Spitze Kanten an den Pferdezähnen, die durch unregelmäßige Abnutzung entstehen und das Pferd beim Fressen beeinträchtigen

Halfter • Kopfstück aus Nylon oder Leder, das das Pferd beim täglichen Umgang im Stall trägt

Halten • Siehe Anhalten

Handwechsel • Reiten einer Bahnfigur, die einen Richtungswechsel mit sich bringt, z. B. „Durch die Bahn wechseln"

Hengst • Männliches, nicht kastriertes, also zeugungsfähiges Pferd

Herde • Pferde, die gemeinsam in einer Gruppe in der freien Natur oder einer vom Menschen zusammengestellten Gemeinschaft auf der Weide leben

Herdenchef • Pferd, das in der Herde den höchsten Rang einnimmt

Herdentrieb • Angeborene Eigenschaft des Pferdes, sich in einer Herde am wohlsten und sichersten zu fühlen und dieser zu folgen

Herpes • Ansteckende Virusinfektion, die gefährliche Atemwegserkrankungen auslöst

Heu • Getrocknete Gräser und Kräuter, Hauptnahrungsmittel für Pferde

Heunetz • Baumwoll- oder Nylonnetz mit kleinen, mittelgroßen oder großen Maschen, aus dem das Pferd das Heu langsamer frisst als vom Boden

Hilfszügel • Zusätzliche Zügel, die das Pferd dazu bringen, in einer bestimmten Haltung zu laufen

Hinterhand • Hinterbeine

Hinterhandwendung • Drehung um die Hinterhand um 180° Grad

Hinterzwiesel • Hinterer Teil des Englischsattels

Horseman • Mensch, der besonders gut mit Pferden kommuniziert

Huf • Unterster Teil des Pferdebeins, auf dem das Pferd läuft.

Hufabszess • Schmerzhafte Eiteransammlung im Pferdehuf, die durch eine kleine Entzündung ausgelöst wird und starke Lahmheiten auslösen kann

Hufbein • Der unterste Knochen (Hufknochen) des Pferdebeins, der in der Hornkapsel liegt

Hufegeben • Das Anheben des Hufs durch Anwinkeln des Beins beim Auskratzen, Ausschneiden, Beschlagen des Hufs

Hufeisen • U-förmiges Eisen zum Schutz des Hufs, das vom Schmied von unten auf den Huf genagelt wird

Hufkratzer • Kleines Gerät zum Entfernen von Schmutz und Steinchen von der Hufunterseite

Hufmesser • Besonders scharfes, gebogenes Messer, mit dem der Hufpfleger oder Hufschmied Horn wegschneidet

Hufpfleger • Hufbearbeiter, der die Hufe nur ausschneidet und raspelt, aber nicht beschlägt

Hufrehe • Ernste Hufkrankheit, bei der sich das *Hufbein* absenkt, ausgelöst durch falsche Fütterung und/oder zu große Belastung

Hufschlag • Die Reitbahn, die auf einem Reitplatz oder in einer Reithalle an der Bande oder am Zaun entlang verläuft

Hufschmied • Hufbearbeiter, der die Hufe ausschneidet, raspelt und beschlägt

Hufschuhe • Alternativer Hufschutz für unbeschlagene Pferdehufe

Hufwand • Der Teil des Hufs, den man von außen vorne und an den Seiten sieht

Hyracotherium • Urpferd (Eohippus), einer der frühesten Vertreter der Equiden

Influenza • Grippe

Insektenabwehrspray • Spray zum Auftragen zur Abwehr von Stechmücken und Pferdebremsen

Isabell • Hellbraunes Pferd mit weißer Mähne

Jährling • Ca. einjähriges Pferd

Jog • Langsamer Trab bei Westernpferden

Kaltblut • Schweres Pferd mit ruhigem Wesen

Kappzaum • Kopfstück aus Leder mit drei Ringen auf dem Nasenriemen, zum Longieren und für die Bodenarbeit

Kapriole • Sprung, bei dem das Pferd die Hinterbeine nach hinten hinausstreckt (anspruchsvolle Lektion der *Hohen Schule*)

Karabiner • Haken, mit dem man Stricke, Longen etc. befestigt

Kardätsche • Bürste mit einer Handschlaufe und weichen Borsten zum Glattstreichen des Fells nach dem Striegeln

Kastanie • Horn-Überbleibsel an den Pferdebeinen aus der Evolution (ehemalige Ballen der Zehengänger)

Kehlriemen • Riemen aus Leder am Zaumzeug, der unter den Ganaschen verläuft

Kehrtwendung • Hufschlagfigur mit Handwechsel: Volte vom Hufschlag weg und bei Erreichen des Hufschlags in die entgegengesetzte Richtung weiter auf dem Hufschlag

Keilstern • Keilförmiges Abzeichen am Pferdekopf

Klassische Dressur • Reitkunst nach den Lehren der alten Reitmeister und die heutige Dressur, die sich daran anlehnt

Kleben • Angewohnheit eines Pferdes, seine Herde und den Hof nicht verlassen zu wollen

Klickertraining • Einüben von Tricks oder Verhaltensregeln mithilfe eines Klick-Geräuschs

Knotenhalfter • Geknotetes Seilhalfter für die Bodenarbeit

Kolik • Leichte bis starke Bauchschmerzen; kann tödlich verlaufen

Kommando • Mitteilung an das Pferd, was es tun soll (z.B. Stimmkommando)

konditionieren • Lebewesen durch Gewöhnung auf etwas trainieren

Konditionierung • Gewöhnung eines Lebewesens an ein bestimmtes, erwünschtes Verhalten

Kopfbürste • Kleine Bürste mit besonders weichen Borsten für die Kopfregion des Pferdes

Koppel • Eingezäunte Wiese, auf der Pferde gemeinsam oder einzeln Auslauf haben und fressen

Körpersprache • Signale, die man durch bestimmte Körperbewegungen und -haltungen aussendet

Kraftfutter • Getreidefutter für Pferde, das Energie liefert (Hafer, Gerste, Mais oder Müsli)

Kronrand • Verbindung zwischen Hufhorn und Haut

Lahmheit • Humpeln auf einem oder mehreren verletzten oder überlasteten Beinen

Laterne • Großes Abzeichen, das über den ganzen Pferdekopf reicht

Lauftier • Lebewesen, das einen Großteil seines Tages in Bewegung verbringt

Leckerli • Kleiner Keks für Pferde

Leichter Sitz • Entlastungssitz, bei dem der Reiter in den Bügeln steht, um den Pferderücken nicht mit seinem Reitergewicht zu belasten

Leichttraben • Aufstehen und wieder einsitzen im Trab

Leithengst • Der stärkste und damit ranghöchste Hengst in einem Herdenverband

Leitstute • Die erfahrenste Stute und damit ranghöchstes Pferd in einem Herdenverband

Levade • Halbhohes Anheben beider Vorderbeine mit dem Gewicht auf beiden Hinterbeinen (anspruchsvolle Lektion der *Hohen Schule*)

Linke Hand • Die Bahnmitte befindet sich auf der linken Seite des Reiters

Longe • Sieben oder acht Meter langes Seil zum Longieren

Longenstunde • Reitstunde an der Longe für Reitanfänger oder zur Sitzschulung

Longieren • Das Pferd auf einem großen Kreis mit einem Radius von sieben bis acht Metern an einem Seil (*Longe*) gehen lassen

Mähnengummis • Kleine Gummibänder zum Flechten der Mähne

Mähnenkamm • Kamm zum Entwirren der Mähne; Mähnenansatz

Maulkorb • Korb zum Aufsetzen und Anschnallen, um ein krankes Pferd am Fressen zu hindern

Müsli • Fertig gemischtes Getreidefutter

Nasenbremse • Seilschlaufe an einem Holzgriff zur Betäubung des Pferdes durch leichte Quetschung der Oberlippe

Nasenriemen • Lederriemen am Zaumzeug, der um die Pferdenase geschnallt wird

Natursprung • Besamung einer Stute durch einen Hengst

Nüster • Nasenloch

Oberarm • Oberer Teil des Vorderbeins zwischen Schulter und Brust

Offenstall • Stall mit direktem Zugang zu weitläufigen Paddocks und/oder einer Koppel

Ohrenspiel • Bewegungen der Ohren als Teil der Mimik des Pferdes

Paddock • Kleiner Auslauf für ein oder mehrere Pferde

Paddockbox • Pferdebox mit angrenzendem Auslaufbereich

Palomino • Bezeichnung der Westernreiter für *Isabell*

Panikhaken • Metallhaken am Anbindestrick, der sich bei ruckartigem Zug durch das Pferd im Notfall öffnet

Parcours • Die aufgestellten Hindernisse beim Springreiten, die es in einer bestimmten Reihenfolge zu überwinden gilt

Pass • Spezialgangart einiger Gangpferde wie z. B. Isländer

Passage • Stark versammelte Trabbewegung mit verzögerten Tritten, bei der die Schwebephase stark verkürzt sind (anspruchsvolle Lektion der Hohen Schule)

Pellets • Zu kleinen Röllchen gepresstes Gras, Heu und Getreide

Pferdetrainer • Erfahrener Reiter, der Pferde ausbildet

Pflegepferd • Pferd, dass du ein- oder mehrmals in der Woche pflegen darfst

Piaffe • Trabbewegung auf der Stelle (anspruchsvolle Lektion der Hohen Schule)

Pleasure • Disziplin beim Westernreiten, bei der die Reiter ihre Pferde in der Gruppe nach Anweisungen eines Richters in allen Gangarten vorstellen

Pylonen • Orange-weiße Hütchen zur Markierung in der Reitbahn

Quarter Mile Race • Pferderennen über eine Viertelmeile (ca. 402 m)

ranghoch • Dominant, bestimmend

rangniedrig • Unterwürfig, zurückhaltend

Rangordnung • Sozialgefüge in der Pferdeherde

Rappe • Schwarzes Pferd mit schwarzem Langhaar

Raspel • Grobe Feile zur Hufbearbeitung

Raufutter • Raufaseriges Futter wie Heu und Stroh

Regendecke • Wasserdichte Decke zum Schutz vor Regen

Reining • Disziplin beim Westernreiten mit Galoppzirkeln, *Sliding Stops* und schnellen Drehungen am losen Zügel

Reitbeteiligung • Vereinbarung mit einem Pferdebesitzer, dessen Pferd du ein- oder mehrmals pro Woche reiten darfst

Reiterhilfen • Kommandos an das Pferd beim Reiten (Gewichts-, Stimm-, Schenkel- und Zügelhilfen)

Reiterstübchen • Gemütlicher Raum am Reitstall zum Ausruhen, Essen, Trinken oder Feiern

Reithalle • Meist 20 x 40 oder 20 x 60 m große Halle mit Sandboden zum Reiten

Reitplatz • Meist 20 x 40 oder 20 x 60 m großer Platz mit Sandboden zum Reiten

Rittigkeitsproblem • Probleme des Pferdes, die *Reiterhilfen* anzunehmen und umzusetzen

Rodeo-Reiten • Verschiedene Disziplinen mit Rindern, *rohen* und eingerittenen Pferden

Roh • Noch nicht eingeritten

Röhrbein • Teil des Pferdebeins zwischen Fesselkopf und Vorderfußwurzelgelenk oder Sprunggelenk

Rossig • Empfängnis- und Paarungsbereitschaft der Stute

Rückwärtsrichten • Das Pferd durch Reiterhilfen rückwärtsgehen lassen

Saftfutter • Gras, Karotten, Äpfel und anderes Gemüse und Obst, das sich zum Verzehr durch Pferde eignet

Sattelblatt • Lederblatt links und rechts am Sattel, unter dem die *Gurtstrippen* verlaufen

Satteldecke • Dünne Decke unter dem Englischsattel als Schutz vor Schweiß und Scheuern

Satteldruck • Quetschungen des Gewebes durch längeren Einsatz eines unpassenden Sattels

Sattelgurt • Gurt zur Befestigung des Sattels am Pferdebauch

Sattellage • Die Position, in der der Sattel in der Rückenwölbung zum Liegen kommt

Sattler • Handwerker für Sattelherstellung, -anpassung und -verkauf sowie allgemeine Lederarbeiten

Schabracke • Dünne Decke unter dem Englischsattel als Schutz vor Schweiß und Scheuern

Schecke • Pferd, das größere bis großflächige weiße Flecken im Fell hat

Schildern • Entlasten eines Beins durch Aufstellen der Hufspitze beim Ruhen und Dösen

Schimmel • Weißes oder fast weißes Pferd

Schlundverstopfung • Lebensgefährliches Festsetzen von Nahrung im Schlund des Pferdes

Schmied • Handwerker, der Hufe bearbeitet, *Hufeisen* schmiedet, aufbrennt und aufnagelt

Schmusebürste • Kleine, handliche Bürste mit sehr weichen Borsten für den Pferdekopf

Schnauben • Luft aus den Nüstern prusten wie beim Niesen

Schnippe • Kleines Abzeichen zwischen Pferdenase und Pferdemaul

Schritt • Langsamste Gangart des Pferdes, Viertakt

Signal • Meist körpersprachliches Zeichen, das der Mensch an das Pferd oder das Pferd an den Menschen oder andere Pferde aussendet

Skijöring • Skifahren mit Pferden

Sohle • Unterer sichtbarer Teil des Pferdehufs

Sorrel • Amerikanische Bezeichnung der Westernreiter für *Fuchs*

Sozialisiert • An das Leben im Herdenverband gewöhnt

Sozialkontakt • Zusammenleben von Pferden mit anderen Pferden

Sperrriemen • Lederriemen, der ans Reithalfter geschnallt werden kann, um ein Öffnen des Mauls zu verhindern

Spin • Schnelle *Hinterhandwendung* beim Westernreiten

Sporen • Dornen oder Rädchen aus Metall zum Anschnallen an die Stiefel, um dem Pferd präzisere Hilfen geben zu können

Springen • Überwinden von Hindernissen mit dem Pferd

Springsattel • Sattel mit kürzerem Sattelblatt für das Springreiten

Stangengasse • Zwei parallel am Boden liegende Stangen zum Durchreiten

Steigbügel • Fußhalterung am Sattel

Steigbügelriemen • Lederriemen, der seitlich am Sattel befestigt ist, an dem die Steigbügel hängen

Steppe • Karges, relativ trockenes, baumloses Land mit Gras- und Kräuterwuchs

Stern • Kleines Abzeichen auf der Pferdestirn

Stimmkommando • Stimmhilfe beim Reiten oder bei der Bodenarbeit, zum Beispiel „Steh!" oder Schnalzen

Stockmaß • *Widerristhöhe* eines Pferdes

Stop • Bezeichnung beim Westernreiten für das Anhalten

Strahl • Strahlförmige Hornausbildung am Huf von unten gesehen, auf der das Pferd läuft

Strahlfäule • Durch Bakterien ausgelöste Hornzersetzung des *Strahls*

Strahlfurchen • Die Vertiefungen seitlich (seitliche Strahlfurchen) und in der Mitte vom *Strahl* (mittlere Strahlfurche)

Strick • Zwei bis vier Meter langes Baumwollseil mit Karabiner (zum Führen) oder Panikhaken (zum Anbinden)

Striegel • Putzgerät aus Plastik oder Gummi zum Aufrauen des Pferdefells

Stute • Weibliches Pferd

Tetanus-Impfung • Impfung gegen Wundstarrkrampf

Tigerschecke • Pferd mit kleinen, runden Punkten im Fell

Tollwut • Durch Viren hervorgerufene, tödliche Infektionskrankheit des Nervensystems

Tölt • Spezialgangart einiger Gangpferde wie Isländer oder Töltender Traber

Trab • Zweitschnellste Gangart des Pferds, diagonale Fußfolge im Zweitakt

Trabrennen • Pferderennen, bei dem die Pferde nur traben dürfen

Trächtigkeit • Schwangerschaft der Stute

Tragend • schwanger

Trail • Reiten über Stangen, durch Stangengassen, Tore und *Pylonen*

Tränke • Vorrichtung zum Trinken im Stall oder auch auf der Weide

Transportgamaschen • Dicke, hohe Gamaschen zum Schutz der Pferdebeine beim Transport im Pferdeanhänger

Trense • Zaumzeug, Kopfstück mit Mundstück

Trot • Bezeichnung der Westernreiter für *Trab*

Unterarm • Teil des Pferdebeins zwischen *Oberarm* und *Röhrbein*

Verdauung • Verarbeitung der Nahrung vom Kauapparat bis zur Ausscheidung

Verladen • Führen des Pferdes in den Pferdeanhänger

Verlesen • Säubern und Entwirren des Schweifs Strähne für Strähne

Viertakt • Gangart mit vier Takten

Vollblut • Reinrassiges Pferd, das von Arabern abstammt

Voltigieren • Turnen auf dem Pferd an der Longe

Voltigiergurt • Gurt mit Griffen zum Hochziehen und Festhalten beim Voltigieren

Vorhand • Vorderes Drittel des Pferdes (Kopf, Hals, Vorderbeine)

Wanderreitsättel • Bequemer Sattel für lange Ritte

Wanderritt • Langer Ritt über einen ganzen oder mehrere Tage mit Übernachtung

Warmblut • Großes Reitpferd, das sowohl von Kaltblütern als auch Vollblütern abstammt

Warmblüter • siehe *Warmblut*

Waschbürste • Bürste mit groben Borsten zum Waschen der Hufe oder stark verschmutzter Pferdebeine

Wassertrense • Einfaches Mundstück

Weide • Eingezäunte Wiese für Pferde zum Grasen und Laufen

Westernpferd • Pferd, das für das Westernreiten gezüchtet wurde und dafür besonders geeignet ist

Westernsattel • Bequemer Sattel mit einem Horn für das Westernreiten

Widerrist • Stelle zwischen Hals und Rücken, wo das *Stockmaß* eines Pferdes gemessen wird

Wiehern • Lautäußerung zum Rufen nach Artgenossen

Winterdecke • Gefütterte Pferdedecke für Pferde mit wenig oder gar keinem Winterfell

Winterfell • Dichtes Fell zum Kälteschutz

Wuchsrichtung • Die Richtung, in die das Fell natürlich wächst

Wundstarrkrampf • Infektionskrankheit des Nervensystems der Muskeln (Tetanus)

Wurmkur • Paste zum Eingeben zur Vorbeugung und bei Wurmbefall

Wurzelbürste • Bürste mit harten Borsten zum Entfernen von hartnäckigem Schmutz

Xenophon • Griechischer Politiker und Schriftsteller (ca. 430–355 v. Chr.), auf den sich große Teile der Klassischen *Dressur* berufen

Zebrastreifen • Wenig stark ausgeprägte Streifen an den Beinen vor allem bei Falben

Zehengänger • Vorfahren des heutigen Pferdes, die noch keine Hufe hatten (*Hyracotherium*)

Zirkel • Runde Bahnfigur auf der Hälfte der Reitbahn

Zöpfeln • Flechten der Mähne fürs Turnier

Zuchtbescheinigung • *Abstammungsnachweis* eines Fohlens von ins *Zuchtbuch* eingetragenen Eltern

Zuchtbuch • Das von einem Zuchtverband geführte Buch der Zuchtpferde zur Identifizierung und zum Nachweis der Abstammung

Züchter • Person, die Tiere gezielt züchtet, ausbildet und weiterverkauft

Zuchtverband • Verein zur Förderung und Verbreitung und zum Schutz einer Rasse (z. B. Südtiroler Haflinger Pferdezuchtverband)

Zügel • Leder- oder Gurtleinen, die vom Gebissring an der Trense ausgehen und über die der Reiter mit *Zügelhilfen* auf das Pferd einwirkt

Zügelhilfen • Signale, die der Reiter mit feiner Handeinwirkung über die Zügel an das Pferd übermittelt

Zugfahrzeug • Auto, das einen Anhänger ziehen kann

REGISTER

Aalstrich • 21
Absitzen • 82 f.
Abzeichen • 21
Anatomie • 10 ff.
Aufhalftern • 78
Aufsitzen • 82 f.
Auftrensen • 80 f.
Augen reinigen • 40
Ausreiten • 96 ff.
Aussitzen • 85

Bahnfiguren • 86 f.
Bay • 20
Beinschutz • 48
Black (Rappe) • 20
Blesse • 21
Bodenarbeit • 72 ff.
Boots • 50
Brauereipferde • 120
Brauner • 20
Brummeln • 30

Chapsletten • 51
Chestnut • 20
Cutting • 93

Dressur • 33, 47, 88 f.
Dülmener Wildpferd • 9
Dun • 20
Dunkelfuchs • 20

Einnähen • 42
Englischsattel • 47, 79, 83, 92, 98
Erste Hilfe • 64, 69 f., 99
Exterieur • 10

Falbe • 20
Falltraining • 71
Fellfarben • 16 ff.
Fellpflege • 38
Filmpferde • 121
Flehmen • 25
Flocke • 21
Fohlen • 14 f.
Französischer Zopf • 45
Freundschaft (Pferd) • 25
Fuchs • 20
Führtraining • 73

Galopp • 85

Gangarten • 84 f.
Ganze Bahn • 86 f.
Gebiss • 12, 48, 81
Geburt • 14 f.
Geschicklichkeits-Parcours • 108
Gesundheit • 64 ff.
Gray • 20
Gurten • 78

Halfter • 46 ff., 69, 73 f., 78 ff., 110 ff.
Handschuhe • 52
Helm • 50, 93, 112
Herdentrieb • 24 f.
Herdenverhalten • 24 ff.
Hilfszügel • 48
Hoffest • 104 ff.
Horseman • 75
Huf • 11, 54 f., 65
Hufabszess • 65
Hufeisen • 54 f.
Hufkratzer • 38 f., 55, 99
Hufrehe • 66
Hufschlag • 87
Hufschmied • 54, 102 f., 116 f.
Hufschuhe • 55

Impfen • 67
Isabell • 20

Jog • 84, 92

Kaltblut • 19
Kardätsche • 38 f.
Keilstern • 21
Klickertraining • 76 f.
Kolik • 65 f.
Kommunikation • 28 ff.
Kopfbürste • 38, 40
Körpersprache • 29 ff.
Krankheiten • 64 ff.
Kronrand • 21
Kutschpferde • 120

Lahmheit • 66
Landwirt • 102 f.
Laterne • 21
Leckerli • 61 ff., 73, 76 f.
Leichtraben • 85

Leithengst • 24
Leitstute • 24
Longe • 46, 48, 72 f., 84, 94

Mähne (Pflege) • 40
Mähne flechten • 42 ff.
Mangelerscheinungen • 66
Milchzähne • 12
Mustang • 9

Nachgurten • 83
Notfall • 68 ff.
Nüstern reinigen • 40

Offenstall • 49, 56 f., 66
Ohrenspiel • 31

Palomino • 20
PAT-Werte • 70
Pferdekauf • 33
Pferderassen • 16 ff.
Pferdesprache • 29 f.
Pferdetransport • 110 f.
Pferdewirt • 103, 116
Pferdezucht • 14 f.
Pflanzen, giftige • 60
Pflegepferd • 34 f.
Polizeipferde • 120
Putzen • 38 ff.

Rangordnung • 25, 28
Rappe • 20
Reining • 93
Reitbeteiligung • 34 f.
Reiterspiele • 108 ff.
Reithose • 51
Reitstall • 100 ff.
Reitstiefel • 51
Rennpferde • 121
Rotbrauner • 20
Rückenschmerzen • 66

Satteln • 78 f.
Schabracke • 47
Schecke • 20, 22
Schildern • 31
Schimmel • 20
Schlundverstopfung • 66
Schnauben • 30
Schnippe • 21
Schritt • 84

Schutzweste • 71
Schwarzbrauner • 20
Schweif (Pflege) • 40
Schweif flechten • 45
Sicherheitsknoten • 78
Skelett • 11
Sliding Stop • 93
Sorrel • 20
Sporen • 52
Springreiten • 90 f.
Stall-Apotheke • 68 ff.
Stallfreundschaften • 35
Steigbügel • 82 f., 92
Stimmkommando • 29
Strahlfäule • 66
Striegel • 38 f.

Therapiepferde • 121
Trab • 84
Trabrennen • 119, 121
Trail • 93
Trense • 12, 47 f., 72 f., 78 ff., 94
Turnier • 42 ff., 50, 67, 90, 112 f.

Unfallvorsorge • 68 ff.
Urpferd • 6 ff.

Verdauung • 13, 58 f.
Verhaltensweisen • 24 ff.
Verspannung • 66
Vollblut • 19
Voltigieren • 94 f.

Wanderreiten • 96 ff.
Warmblut • 19
Weidehaltung • 57
Westernpferde • 93
Westernrassen • 20
Westernreiten • 92 f.
Westernsattel • 47, 80, 83, 92, 98
Wiehern • 30
Wiener Hofreitschule • 23
Wurmkur • 67
Wurzelbürste • 38, 40, 98

Zahnarzt • 12, 66
Zebrastreifen • 21
Zirkel • 86 f.

BILDNACHWEIS